TRANSFORMANDO DESAFIOS EM OPORTUNIDADES
UMA TRÍADE COGNITIVA, EMOCIONAL E COMPORTAMENTAL

Editora Appris Ltda.
1.ª Edição - Copyright© 2024 do autor
Direitos de Edição Reservados à Editora Appris Ltda.

Nenhuma parte desta obra poderá ser utilizada indevidamente, sem estar de acordo com a Lei nº 9.610/98. Se incorreções forem encontradas, serão de exclusiva responsabilidade de seus organizadores. Foi realizado o Depósito Legal na Fundação Biblioteca Nacional, de acordo com as Leis nos 10.994, de 14/12/2004, e 12.192, de 14/01/2010.

Catalogação na Fonte
Elaborado por: Dayanne Leal Souza
Bibliotecária CRB 9/2162

S586t Silva, Luiz Carlos Caetano da
2024   Transformando desafios em oportunidades: uma tríade cognitiva, emocional e comportamental / Luiz Carlos Caetano da Silva. – 1. ed. – Curitiba: Appris, 2024.
        142 p. : il. ; 21 cm.

        Inclui referências.
        ISBN 978-65-250-6313-3

        1. Psicologia. 2. Espiritualidade. 3. Saúde mental. I. Silva, Luiz Carlos Caetano da. II. Título.

CDD – 248.4

Appris
editora

Editora e Livraria Appris Ltda.
Av. Manoel Ribas, 2265 – Mercês
Curitiba/PR – CEP: 80810-002
Tel. (41) 3156 - 4731
www.editoraappris.com.br

Printed in Brazil
Impresso no Brasil

Luiz Carlos Caetano da Silva

TRANSFORMANDO DESAFIOS EM OPORTUNIDADES
UMA TRÍADE COGNITIVA, EMOCIONAL E COMPORTAMENTAL

Appris Editora

Curitiba, PR
2024

FICHA TÉCNICA

EDITORIAL	Augusto Coelho
	Sara C. de Andrade Coelho
COMITÊ EDITORIAL	Ana El Achkar (UNIVERSO/RJ)
	Andréa Barbosa Gouveia (UFPR)
	Conrado Moreira Mendes (PUC-MG)
	Eliete Correia dos Santos (UEPB)
	Fabiano Santos (UERJ/IESP)
	Francinete Fernandes de Sousa (UEPB)
	Francisco Carlos Duarte (PUCPR)
	Francisco de Assis (Fiam-Faam, SP, Brasil)
	Jacques de Lima Ferreira (UP)
	Juliana Reichert Assunção Tonelli (UEL)
	Maria Aparecida Barbosa (USP)
	Maria Helena Zamora (PUC-Rio)
	Maria Margarida de Andrade (Umack)
	Marilda Aparecida Behrens (PUCPR)
	Marli Caetano
	Roque Ismael da Costa Güllich (UFFS)
	Toni Reis (UFPR)
	Valdomiro de Oliveira (UFPR)
	Valério Brusamolin (IFPR)
SUPERVISOR DA PRODUÇÃO	Renata Cristina Lopes Miccelli
PRODUÇÃO EDITORIAL	Bruna Holmen
REVISÃO	Simone Ceré
DIAGRAMAÇÃO	Ana Beatriz Fonseca
CAPA	Bianca Rodrigues
ADAPTAÇÃO DA CAPA	Carlos Pereira
FOTO	Luciana Gomes Pereira ou @nanalufotografia
REVISÃO DE PROVA	Bruna Santos

Dedico esta obra com imensa gratidão e amor aos meus pais, Dorgival e Marli, que são o princípio de tudo para mim, as pessoas sem as quais eu não seria quem sou hoje.

Dedico aos meus queridos irmãos Ana e Anderson, a quem expresso meu amor e apreço. Vocês são parte fundamental da minha vida.

Dedico à minha amada esposa, Luciana, e ao nosso filho Natã. Vocês são mais do que parte de mim; ocupam um lugar único em meu coração.

Dedico à família e amigos da Igreja Evangélica do Fundamento Bíblico (IEFB), onde nasceu o sonho que hoje se torna realidade. Seu apoio e encorajamento foram essenciais para realizar esta obra.

Dedico a todos que, de uma forma ou de outra, me fizeram acreditar que um dia eu escreveria um livro. Suas palavras de incentivo e apoio foram como combustível para minha jornada.

Dedico esta obra a todos aqueles que, diante da maldade alheia, desejam caminhar com lucidez em meio a uma estrada de perplexidades.

AGRADECIMENTOS

Gratidão a Deus, cujo amor transformador mudou completamente minha vida desde o momento em que fui acolhido por Ele. Sua bondade e poder de transformação foram tão extraordinários que um rapaz tímido se transformou em alguém que ama profundamente estar entre pessoas; um indivíduo que antes não apreciava sequer a leitura, hoje se encontra prestes a publicar um livro com o desejo de que este possa impactar vidas.

Gratidão ao pastor Sergio Fernandes, cuja amizade e exemplo de ministério foram uma fonte constante de inspiração. Foi ele quem me incentivou e me concedeu a honra de prefaciar esta modesta obra.

Gratidão aos amigos que oraram e acreditaram que este livro um dia "nasceria". Seu apoio e confiança foram fundamentais para este momento.

Gratidão ao meu sogro José Pereira, que em algumas ocasiões me demonstrou seu desejo de ler uma obra minha, sem sequer imaginar que esta já estava na "incubadora" prestes a se concretizar.

Por fim, gratidão a todos que, de uma forma ou de outra, contribuíram para tornar este sonho uma realidade. Afinal, como bem sabemos, ninguém realiza algo bom sozinho.

Minhas sinceras e profundas palavras de gratidão a todos vocês!

APRESENTAÇÃO

Com imensa alegria e honra, apresento esta obra. Permitam-me compartilhar tranquilamente, pois conheço profundamente o autor – sou seu pai, seu pastor e seu amigo. Desde a infância, ele demonstrou ser um menino tranquilo e mediano nos estudos. Após concluir o ensino médio, ingressou cedo no mercado de trabalho e uniu-se a Luciana. Por meio de uma união abençoada, receberam um grande presente de Deus chamado Natã.

Foi somente na vida adulta que descobriu o amor pela leitura e, ao receber Cristo em seu coração, dedicou-se ao estudo das escrituras sagradas, tornando-se um obreiro dedicado na igreja. Seu esforço e comprometimento foram reconhecidos, levando-o a ser ordenado diácono e, mais tarde, presbítero, até finalmente tornar-se pastor.

Sempre soube equilibrar seus deveres entre a família, o trabalho e a igreja. Mesmo diante dos desafios, encontrou espaço para se dedicar aos estudos e se formar em psicologia. Agora, com a orientação do Espírito Santo, presenteia-nos com esta obra escrita.

Sinto-me imensamente orgulhoso e feliz por fazer parte de sua jornada e saber que este livro tem o potencial de abrir os olhos do coração e iluminar a mente diante deste mundo muitas vezes cruel, que nos leva a viver ansiosos e preocupados, carregando fardos que não nos pertencem. Por vezes, escolhemos o caminho errado, perdendo a oportunidade de agir no momento certo e aprender a Transformar Desafios em Oportunidades..

Por isso, convido-te a ler esta obra com calma e atenção, pois certamente poderá enriquecer sua vida de maneiras inimagináveis. Além de oferecer um vasto conhecimento cognitivo e emocional, também te guiará a um relacionamento mais profundo com Jesus. Desejo a todos uma excelente leitura.

Dorgival M. Silva
Pastor da Igreja Evangélica do Fundamento Bíblico e pai do autor

PREFÁCIO

Foi com imensa alegria que recebi o convite para prefaciar o livro *Transformando desafios em oportunidades: uma Tríade Cognitiva, Emocional e Comportamental*, de autoria do psicólogo, *coach* e palestrante Luiz Carlos Caetano da Silva. Li com prazer o esboço do livro, primeiro, porque conheço pessoalmente o autor e por ele tenho grande apreço, sei de suas valências para tratar de um tema tão relevante, e porque escolheu abordar esse tema tendo como exemplo o personagem bíblico de José, o qual me fascina sempre que leio sobre sua vida e trajetória. José é uma das figuras mais extraordinárias da Bíblia e analisar sua vida à luz dos aspectos que compõem a saúde integral, sem dúvida, foi um grande *insight* por parte do autor.

Considero um grande equívoco acreditar que apenas cuidar da saúde física, comer bem e praticar esportes é suficiente para termos bem-estar e vida saudável. Vivemos em um mundo de sofrimento e de fragilidade sem precedentes. Essas condições humanas incluem diferentes tipos e níveis de sofrimento social e psicológico que muitas vezes são minimizados, negligenciados ou não são tratados porque vão além do que as pessoas podem lidar em determinado momento, ou abordados a partir de perspectivas fora de contexto. Acredito que essas omissões são tanto injustas quanto caras para indivíduos e comunidades. Praticamente todos os principais problemas de saúde pública no mundo têm um componente psicossocial. Não há saúde sem saúde física, comunitária, psicológica.

O conceito de saúde da Organização Mundial de Saúde (OMS) é: "um estado de completo bem-estar físico, mental e social". No entanto, o conceito cristão sugere uma abordagem mais ampla: "Saúde é um estado dinâmico de bem-estar do indivíduo e da sociedade; um bem-estar físico, mental, espiritual, econômico, político e social; em harmonia com os outros, com o meio ambiente e com Deus". Tal conceito amplia a ideia de saúde como algo que transcende a experiência humana individual e alcança uma dimensão coletiva, ecológica e espiritual. A cosmovisão bíblica apresenta uma visão integral do ser humano, e é necessário que todas as características que o compõem sejam cercadas de cuidados, com o objetivo de viver toda a potencialidade possível. É evidente que a visão holística do ser humano compreende a integração de dois aspectos: o físico e o não físico. No aspecto não físico, imaterial, estão a nossa mente e espírito, os quais também demandam cuidados. A criação de Deus reflete uma concepção de sistemas interdependentes e por isso estamos comprometidos com uma compreensão global da pessoa integral. O tema "Transformando Desafios em Oportunidades", portanto, abrange a pessoa humana na sua totalidade, que é dimensionada por corpo, mente e espírito. Esses elementos devem estar em total equilíbrio para haver integração harmônica em nível pessoal, interpessoal, com a natureza e com Deus.

Saúde, cura, restauração, paz, liberdade, harmonia e alegria são dons de Deus; e Ele quer o nosso bem-estar integral. Cientes da importância que Deus dispensa a nossa saúde total, devemos nos inteirar da responsabilidade que nos cabe nesse intuito. Este livro é o produto da experiência profissional e pastoral de seu autor e pode nos ajudar a entender a complexidade que envolve um tema tão relevante quanto o tema "Transformando Desafios em Oportunidades". Com uma linguagem simples e acessível, porém com abordagens pontuais tanto no aspecto bíblico quanto com aportes científicos na área em que se especializou, o autor aborda, com maestria, tópicos relevantes que muito nos auxiliam no zelo pela integralidade de nossa saúde. Parabenizo o querido amigo Luiz Carlos por este livro e recomendo com fervor a sua leitura. Tenho a plena convicção de que esta obra irá auxiliar e abençoar a todos que almejam por sua saúde integral.

Sergio A. Fernandes
Pastor vice-presidente da Igreja Evangélica do Fundamento Bíblico, teólogo e palestrante

SUMÁRIO

INTRODUÇÃO.. 17

CAPÍTULO I
PRESERVANDO A SAÚDE MENTAL.................................. 22

CAPÍTULO II
DESPERTANDO O "SENSO DE SENTIDO,
MISSÃO OU PROPÓSITO"... 31

CAPÍTULO III
"NÃO CARREGUE 'FARDOS' PELA IMPERFEIÇÃO
DA SUA FAMÍLIA"... 38

CAPÍTULO IV
"NÃO DEIXE PARA DEPOIS O QUE PRECISA
SER FEITO AGORA!"... 46

CAPÍTULO V
"É MAIS SÁBIO PREVENIR DO QUE REMEDIAR"............. 57

CAPÍTULO VI
"RESSIGNIFICANDO O PRESENTE: UM OLHAR
TRANSFORMADOR SOBRE O PASSADO"........................ 63

CAPÍTULO VII
"PERDÃO – UMA PONTE PARA A RESTAURAÇÃO"......... 68

CAPÍTULO VIII
"PEDIR AJUDA É DE ALMA NOBRE,
EXIGIR AJUDA É DE ALMA POBRE"................................. 79

CAPÍTULO IX
HUMILDADE. UM CAMINHO EXCELENTE! 85

CAPÍTULO X
"CONSTRUIR PONTES: A ARTE DE UNIR E SUPERAR BARREIRAS" 93

CAPÍTULO XI
ALÉM DA INTELIGÊNCIA EMOCIONAL, TALENTOS E ESFORÇOS: CULTIVANDO O FRUTO DO ESPÍRITO NA JORNADA 99

CAPÍTULO XII
"CONEXÕES INSEPARÁVEIS: O IMPACTO VITAL DA SAÚDE EMOCIONAL NA SAÚDE FÍSICA" 110

CAPÍTULO XIII
"UM BREVE OLHAR SOBRE FINANÇAS PESSOAIS" 119

APLICAÇÃO 128

CONCLUSÃO 136

REFERÊNCIAS 140

INTRODUÇÃO

Acima de tudo, guarde o seu coração, pois dele depende TODA a sua vida.
(Provérbios 4:23, grifo meu)

A realidade da vida é complexa, repleta de desafios, paradoxos, surpresas inesperadas e cheia de riscos. Equilibrar todas as áreas da vida diante de eventos imprevisíveis é um grande desafio. Muitas vezes, vemos pessoas alcançando sucesso em uma área específica, enquanto outras áreas igualmente importantes estão em desequilíbrio, levando a um "naufrágio".

Algumas pessoas muitas vezes se destacam como líderes em seus negócios, empresas, comunidades ou até mesmo no governo, sendo indivíduos "capazes" de liderar uma nação. Sem, no entanto, conseguirem liderar a si mesmas, de modo que, em outras áreas do seu viver, poderíamos dizer que estão uma "bagunça".

Sou um profundo admirador do ser humano, encantado por sua singularidade exclusiva. Observo com fascínio sua diversidade e capacidade. Enquanto alguns se destacam pela generosidade, outros revelam uma mesquinhez surpreendente. Uns adornam-se com humildade, enquanto outros se envolvem na armadura da arrogância. Alguns transitam pela jornada da vida mergulhados em amor, enquanto outros caminham em meio à aridez do ódio.

São fenômenos que me deixam encantado, sempre me surpreendendo, é verdade que às vezes também me assombram, pois não consigo assimilar tamanha maldade que alguns humanos são capazes de realizar.

Assim como um farol brilha firme em meio à escuridão da noite, "guardar o coração" é como manter a luz da esperança acesa, mesmo nos momentos mais sombrios e desafiadores, protegendo-nos das adversidades que possam assombrar nossos pensamentos. (Nota: sempre que uso o termo "guardar o coração", entenda-se cuidar dos pensamentos).

A Organização Mundial de Saúde (OMS) define saúde como "um estado de completo bem-estar físico, mental e social, e não apenas a ausência de doenças e enfermidades".

Nesse contexto, o desafio contemporâneo é ser um ser humano integral, que cuida da sua saúde espiritual, mental e física. É ser alguém que compreende sua identidade, seu propósito e direção na vida.

"Cuidar dos pensamentos: um caminho para a saúde mental"

Antes mesmo da pandemia do novo coronavírus (Covid-19), já se estimava que mais de 80% das pessoas de meia-idade iriam enfrentar algum tipo de transtorno mental, sendo a depressão e a ansiedade os mais prevalentes. Infelizmente, ainda não conseguimos dimensionar completamente o impacto devastador que essa pandemia deixou em todo o mundo. Estima-se que o número de óbitos ultrapasse os quinze milhões, de acordo com dados da Organização Mundial da Saúde (OMS).

Com isso, intensificou-se significativamente o número de pessoas vulneráveis a desenvolver transtornos mentais como: depressão, ansiedade, estresse, síndrome do pânico, TOC e outros.

Observem como é fácil vencer um vírus minúsculo e invisível a olho nu enquanto ele está somente no exterior, bastam água e sabão usados corretamente para "detê-lo". Contudo, se ele adentrar no organismo, geralmente via sistema respiratório, pode causar um grande estrago, inclusive levou a óbito cerca de quinze milhões de pessoas.

Outro ponto fundamental a ser considerado é que, assim como um vírus se propaga através de um indivíduo contaminado, o "coração também pode ser infectado" mediante interações com os outros, seja no círculo de amizades ou até mesmo dentro da família. Pode ser alguém constantemente de mau humor, extinguindo a alegria dos outros, disseminando ódio e espalhando pessimismo ao seu redor.

Portanto, tão vital quanto cuidar do corpo para evitar a infecção por um vírus, prevenindo o enfraquecimento e até mesmo a morte, é cuidar do interior, dos pensamentos. Afinal, zelar pelos pensamentos é fundamental para nutrir uma mente saudável e feliz, que possibilita uma jornada de realização, permitindo viver com mais leveza, alegria, esperança e, quem sabe, apreciar com exuberância as maravilhas da criação de Deus.

Por meio de uma análise bíblica da vida de José, que se desenrola do capítulo 37 até o final do livro de Gênesis (com exceção do capítulo 38), pretendo compartilhar alguns princípios que podem nos ser úteis. Desejo contribuir para que também nos tornemos pessoas que "guardam o coração", alimentando a esperança de que vale a pena lutar. Embora não seja fácil, é possível enfrentar o mal praticando o bem.

Desejo que esta breve obra nos ajude a cultivar uma saúde mental mais resiliente, tornando-nos indivíduos integrados que vivem e promovem o amor e a paz, contribuindo positivamente para a sociedade. Acredite, apenas o ato de caminhar pela vida com autoconsciência e respeitando o espaço dos outros já faz uma grande diferença. Mesmo diante de adversidades, perdas e dores, ainda podemos permitir que em nossos corações floresçam belos jardins, onde pássaros cantam e onde podemos encontrar a beleza da vida observando uma criança brincar com inocência e alegria.

Pois, nas palavras de Jesus Cristo:

> **Pois do interior do coração dos homens** *vêm os maus pensamentos, as imoralidades sexuais, os roubos, os homicídios, os adultérios,* as cobiças, as maldades, o engano, a devassidão, a inveja, a calúnia, a arrogância e a insensatez. **Todos esses males vêm de dentro** e tornam o homem 'impuro'. (Marcos 7:21-23, grifo meu).

Conforme esse texto, o mal que se manifesta externamente já residia internamente, por isso enfatizo a importância de "guardar o coração".

Conforme as palavras do sábio: Acima de tudo, guarde o seu coração, pois dele depende **TODA** a sua vida. (Provérbios 4:23, grifo meu).

Tenho convicção de que, ao contemplarmos a vida de José, encontramos uma valiosa oportunidade de aprender princípios que impactam todas as dimensões da existência: física, mental, social, financeira e espiritual.

A vida de José é como um laboratório vivo, onde observamos o poder da resiliência e da capacidade de adaptação diante das adversidades. Assim como uma fortaleza resiste aos ataques externos, protegendo seus ocupantes. José nos ensina a proteger nosso "coração", ou seja, nossa mente e nossos sentimentos, contra os impactos negativos do ambiente. Estudos científicos corroboram essa ideia, mostrando como experiências adversas na infância podem moldar o desenvolvimento emocional e cognitivo. No entanto, a história de José nos revela que, mesmo diante das piores circunstâncias, é possível preservar nossa essência, ao invés de ser transformado negativamente pelo ambiente, tornar-se alguém capaz de transformá-lo positivamente.

Então, embarque nessa jornada de autodescoberta e crescimento, seguindo o exemplo de José.

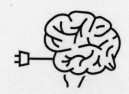

CAPÍTULO I
PRESERVANDO A SAÚDE MENTAL

"VOCÊ NÃO PODE SEMPRE CONTROLAR O QUE ACONTECE DO LADO DE FORA, MAS PODE SEMPRE CONTROLAR O QUE ACONTECE DO LADO DE DENTRO."
(WAYNE DYER)

> *Quem de vocês, por mais que se preocupe,*
> *pode acrescentar uma hora que seja à sua vida?*
> *(Mateus 6:27)*

A ansiedade é como uma cela que te aprisiona em um lugar que não existe: o futuro. Enquanto isso, ela te rouba do único momento que realmente pertence a você: o presente.

Para começar, gostaria de fazer uma breve distinção entre Deficiência Intelectual, transtorno e saúde mental.

A Deficiência Intelectual (DI) é um distúrbio do desenvolvimento neurológico que geralmente surge na infância, antes da idade escolar. Ela afeta o funcionamento pessoal, social, acadêmico ou profissional, apresentando limitações significativas que impactam a vida diária. Frequentemente, requer suporte especializado para ajudar a pessoa a alcançar seu potencial.

Por outro lado, o Transtorno Mental é um estado alterado da saúde que pode afetar qualquer pessoa, não necessariamente ligado a uma doença específica. Suas causas são multifatoriais, incluindo fatores genéticos, idade, sexo, condições econômicas, educação, estrutura familiar, envolvimento social, história de vida e trabalho.

Já a Saúde Mental está relacionada à maneira como as pessoas lidam com as demandas da vida, como harmonizam suas emoções, enfrentam desafios, lidam com ideias, capacidades, conflitos, ambições e desejos.

Ou seja, mesmo diante dos desafios diários, essa pessoa consegue, na maior parte do tempo, manter-se em equilíbrio consigo mesma e com os outros. Ela encara e interpreta de forma saudável as exigências da vida, lidando tanto com as emoções positivas quanto com as negativas. Reconhece seus limites e está disposta a buscar ajuda quando necessário.

Nesse contexto, eu, Luiz, acredito que o fluxo que está ditando as normas da sociedade, por si só, já se tornou um "gerador natural de transtornos mentais". A velocidade das informações ultrapassa em muito nossa capacidade de absorção. Adicione a isso a proliferação de *fake news*, que intensificam as divisões; as pressões externas e internas para alcançar resultados e performar; os pseudocursos para sucesso instantâneo, prometendo conquistas em um único dia; a busca pela inteligência emocional, riqueza, corpo atlético, e muito mais, tudo disponível em um simples 'clique'. Ah, mas só se você *"clicar agora"*.

Nesse caso, enfrentar este desafio é como encontrar uma rota segura em meio a um terreno acidentado e repleto de perigos, buscando preservar ao máximo a saúde mental. A própria jornada por esse caminho já é uma fonte de adoecimento. Portanto, concordo plenamente com a frase do filósofo e escritor indiano Jiddu Krishnamurti: *"Não é um sinal de saúde estar bem adaptado a uma sociedade doente"*.

Na era pós-moderna, muitas vezes comparada a uma "sociedade líquida", onde tudo é efêmero, os desafios da jornada surgem cedo e constantemente. É como se as crianças fossem lançadas em um turbilhão de atividades, elevando sua ansiedade desde cedo: buscando boas notas na escola, dominando cursos de línguas, informática e esportes. Para os adolescentes e jovens adultos, a pressão persiste: passar em vestibulares, iniciar carreiras, encontrar parceiros românticos e construir famílias. Com isso, as responsabilidades só crescem: criar filhos, "gerenciar" relacionamentos, manter a casa e lidar com o trabalho ou os negócios.

Na fase da maturidade, quando se espera usufruir das conquistas realizadas, muitas vezes a realidade é diferente. Surgem novas pressões: a carreira deve estar consolidada, a casa adquirida, os filhos bem encaminhados em suas vidas e um planejamento sólido para a aposentadoria.

Nesse momento, surge uma imensa necessidade de tirar umas boas férias. Essa pressão-necessidade é tanto interna quanto externa. Internamente, a pessoa pode estar no limite, realmente precisando de um descanso. Externamente, a pressão da família e a necessidade de postar aquela foto em um lugar paradisíaco também não deixam a pessoa em paz.

É evidente que essas demandas são inerentes à condição humana, mas a questão é: Qual é o custo? Essas experiências estão ocorrendo de forma natural na jornada, com alegria e saúde, ou estão sendo adquiridas a um alto custo, sob muita pressão e transtorno? Para muitas pessoas, chega um momento em que as demandas da vida vão acontecendo com um preço muito alto a ser pago, resultando em ansiedade, estresse, depressão e *burnout*.

Ainda não é tudo, pois agora chega o momento em que o filho ou filha deve seguir seu próprio caminho na vida. E quem pode ter se tornado "companheiras nessa jornada"? Elas, a ansiedade e depressão.

E o que dizer do tão sonhado momento da aposentadoria? Para muitos, ao invés de ser um período realizador, torna-se uma época em que se sentem inúteis e deprimidos. Ou ficam ansiosos diante da necessidade de encontrar ocupações úteis. Além disso, com os custos elevados do plano de saúde, pois geralmente a renda de um aposentado diminui enquanto os gastos aumentam, o cenário torna-se ainda mais desafiador.

Poucos conseguem passar por esses ciclos ilesos. Em grande medida, a sociedade está adquirindo hábitos destrutivos, que são introduzidos nas vidas das pessoas como se fossem normais. Quem não se adéqua a esses padrões é considerado "anormal". O consumismo desenfreado, a necessidade de manter as aparências nas mídias sociais, lives e mais lives transformando as pessoas em "videozumbis" são exemplos disso. É uma premissa antiga que a sociedade tem uma carência de manter o status e ostentar. Nesse sentido, já foi dito o seguinte: "Status é comprar coisas que você não quer, com o dinheiro que você não tem, a fim de mostrar para pessoas que você não gosta, uma pessoa que você não é" (Geraldo Eustáquio de Souza).

O uso excessivo da tecnologia digital pode ser comparado a uma espécie de "alimentação viciante", onde consumimos continuamente doses cada vez maiores, sem perceber os efeitos negativos que isso pode ter em nossa saúde mental e emocional. Concordo que o advento da internet e a tecnologia digital são muito benéficos, permitiram o acesso a muitas coisas e democratizaram tantas outras, sou otimista em dizer que maiores são os benefícios do que os malefícios. Contudo, seus efeitos colaterais precisam ser considerados.

O uso das redes sociais muitas vezes se assemelha a um farol que ilumina o caminho para alcançar conexões distantes, mas, ao mesmo tempo, pode obscurecer a paisagem ao nosso redor, afastando-nos das interações mais próximas e significativas.

Com a crescente necessidade do uso da internet no cotidiano, estar constantemente conectado ao smartphone se tornou a realidade de trabalho para muitas pessoas. Essa constante exposição às telas tem levado a um aumento substancial nos casos de nomofobia, um distúrbio cada vez mais comum, porém subestimado. A nomofobia é o medo ou ansiedade de ficar sem o celular ou fora de alcance da comunicação digital. Se você se identifica com essa situação, é importante estar ciente de que pode estar desenvolvendo uma dependência desses dispositivos eletrônicos.

Devido à necessidade de acessar informações, manter contato com amigos e familiares, trabalhar ou simplesmente se entreter, os smartphones se tornaram praticamente uma extensão do corpo e da mente das pessoas. Esse distúrbio gera uma dependência semelhante à causada pelo álcool ou outras drogas.

E quanto ao impacto que isso está causando em bebês e crianças? Muitas vezes, ao chorarem, já lhes é entregue um smartphone, expondo-os constantemente aos estímulos da vida virtual.

Em vez de interagirem com pessoas e se habituarem gradualmente à vida real, eles são expostos a uma série de estímulos virtuais. Isso resulta em uma menor interação cara a cara com o bebê, diminuindo o contato visual, a comunicação verbal e a estimulação emocional necessária para um desenvolvimento saudável. Essa falta de interação pode impactar negativamente o vínculo emocional entre o bebê e seus cuidadores, além de prejudicar o desenvolvimento da linguagem, das habilidades sociais e emocionais. *A situação é extremamente preocupante!*

Nesse cenário, o Brasil brilha intensamente, sendo um ávido navegante em mares digitais. Estudos recentes da Hootsuite em colaboração com a We Are Social apontam que os brasileiros passam cerca de nove horas e vinte e nove minutos mergulhados nessa imensidão virtual diariamente. Isso equivale a navegar por aproximadamente 145 dias ao longo do ano, explorando as profundezas da internet.

Quanto aos dados de pesquisas, os números variam muito entre um site e outro, no entanto, nem é preciso ser especialista para notar os impactos que esse excesso já tem causado.

O excesso de informações proveniente da constante exposição à internet é altamente prejudicial para a saúde mental, gerando sobrecarga e ansiedade. Augusto Cury, psiquiatra e psicoterapeuta, destaca que uma criança de sete anos hoje acumula mais informações do que um imperador romano nos primeiros séculos. Isso contribui para o esgotamento mental e o aumento da ansiedade.

"Pensar é bom, pensar com consciência crítica é ótimo, mas pensar excessivamente e sem gerenciamento é uma bomba para a saúde psíquica, para o desenvolvimento de uma mente livre e criativa" (Augusto Cury).

A ansiedade é uma reação natural do ser humano, é útil para nossa adaptação e reação perante situações de medo ou expectativa. Entretanto, quando começa a ser frequente e em excesso, causando sintomas físicos e emocionais, como alterações cardíacas, insônia, compulsões alimentares, medos ilógicos e preocupações excessivas, torna-se patológica, impactando na qualidade de vida.

Do ponto de vista etimológico, a palavra "ansiedade" deriva do termo grego *ansheim*, que significa "estrangular, sufocar, oprimir".

Estima-se que cerca de 80% das preocupações que assombram a mente jamais se concretizam. No entanto, o mais grave é que, geralmente, os ansiosos imaginam o pior cenário possível, numa tendência conhecida como catastrofização. Nesse estado, visualizam uma catástrofe e, de fato, sofrem intensamente com isso. É uma situação séria: enquanto o pensamento da catástrofe é *virtual*, o sofrimento é totalmente *real*.

Com um pouco de lucidez e reflexão, é razoável considerar outras possibilidades, podendo até nos questionarmos: "Se ainda não aconteceu, por que nos fixarmos no pior cenário?" Se este é o pior cenário, qual poderia ser o melhor? E se nem o pior nem o melhor acontecerem, quais são as outras opções disponíveis? Essas reflexões podem nos ajudar a cultivar uma perspectiva mais equilibrada e a lidar com as incertezas da vida de forma mais construtiva.

Este capítulo foi um dos mais desafiadores para falar sobre José. Isso porque falar de um adulto de uns trinta e poucos anos, casado, pai de dois filhos, governador do Egito, "portador" de uma saúde física, emocional, social e espiritual consistente, alguém que sabia quem era, onde estava e para onde estava indo, ou seria difícil, ou não teria muito o que falar.

Contudo, ao regressarmos à adolescência deste personagem, deparamo-nos com um jovem de dezessete anos que enfrentou uma série de desafios. Órfão de mãe desde a infância, era o protegido do pai, alvo de ódio por parte dos irmãos e, para complicar ainda mais, foi vendido como escravo. Nesse contexto, adentramos um labirinto de desafios, onde cada passo requer cautela e atenção.

Todo ser humano, especialmente durante os primeiros anos de vida, necessita de pais-cuidadores que proporcionem provisão, proteção, afeto e limites. Pois é na família ou em seus equivalentes sociais que são estabelecidas as bases fundamentais para o desenvolvimento de um ser integrado, coeso e criativo.

O médico e psicanalista D. W. Winnicott, falecido em 1971, destacou que a carência e privação nos primeiros anos de desenvolvimento podem contribuir para a delinquência. Embora se reconheça que o desenvolvimento humano é contínuo, os primeiros anos de vida exercem um impacto muito maior.

Outros fatores que podem causar impactos negativos no desenvolvimento são: o excesso de cuidados ou a falta de limites. Tanto um quanto o outro também contribuem significativamente para a delinquência na adolescência.

Nesse cenário turbulento, José emerge como uma figura que poderia ter sucumbido às adversidades e se tornado um delinquente. Desprovido do amor materno, em conflito com os irmãos e abruptamente separado da família pela escravidão imposta pelos próprios irmãos, sua trajetória parece condenada à escuridão.

Esses fatores poderiam ter contribuído para o desenvolvimento de transtornos psicológicos, como ansiedade ou depressão. É possível que esses transtornos se manifestem em qualquer pessoa, como se estivessem "fechados com um cadeado" em nosso organismo, sendo desencadeados por eventos estressantes. Um exemplo notável é o próprio Jesus Cristo, que expressou sentimentos de ansiedade diante de sua morte iminente: E disse-lhes: "**Desejei ansiosamente** comer esta Páscoa com vocês antes de sofrer" (Lucas 22:15, grifo meu).

Quando o peso da cruz estava mais próximo, a angústia foi como se estivesse mergulhado nas sombras de uma depressão mortal: E lhes disse: "**A minha alma está profundamente triste, numa tristeza mortal.** Fiquem aqui e vigiem" (Marcos 14:34, grifo meu).

Tais eventos evidenciam que todo ser humano carrega esse "cadeado" psicológico, e em alguns casos ele pode ser mais facilmente acionado. Jesus nos mostrou que até mesmo Ele experimentou momentos de ansiedade e depressão. Dependendo da estrutura e do contexto individual, esses sentimentos podem se intensificar e se tornar transtornos. Não há espaço para julgamento, pois as causas são variadas e a história de cada pessoa é única, devendo ser respeitada.

"Contudo, é possível aprender, desenvolver, adquirir autoconhecimento e viver esta jornada afastando cada vez mais 'a chave desse cadeado'".

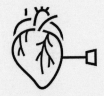

CAPÍTULO II

DESPERTANDO O "SENSO DE SENTIDO, MISSÃO OU PROPÓSITO"

"SE VOCÊ NÃO SABE PARA ONDE IR, QUALQUER CAMINHO SERVE."
(Lewis Carroll)

Fico impressionado com a resiliência demonstrada ao longo da vida deste jovem, que não parece ter sido afetado por transtornos mentais, como vimos anteriormente. Embora não seja possível afirmar com certeza quais foram os fatores que contribuíram para essa estabilidade mental.

Contudo, destaco a importância de descobrir o "senso de sentido, missão ou propósito" na vida, pois isso não apenas orienta nosso caminho diante dos desafios, mas também fortalece o desenvolvimento e amadurecimento pessoal.

Para o filósofo Luiz Felipe Pondé, *"o ser humano precisa de água, de comida e de sentido. Nos alimentamos de sentido"*.

Observamos isso claramente na vida de José, principalmente quando ele diz o seguinte aos seus irmãos:

> Agora, não se aflijam nem se recriminem por terem me vendido para cá, **pois foi para salvar vidas que Deus me enviou adiante de vocês.** (Gênesis 45:5, grifo meu).

> Assim, não foram vocês que me mandaram para cá, mas sim o próprio Deus. **Ele me tornou ministro do faraó, e me fez administrador de todo o palácio e governador de todo o Egito** (Gênesis 45:8, grifo meu).

Note que, para alguém que era odiado pelos irmãos, José rompeu com os laços parentais de maneira muito violenta: sendo vendido, e ainda iniciou sua jornada fora de casa da pior maneira: como escravo. Considero que ele teve um importante e norteador senso de missão: "Deus me enviou adiante de vocês para salvar vidas"; "Ele me tornou ministro do faraó", e ainda: "[...] Deus me enviou à frente de vocês para lhes preservar um remanescente nesta terra e para salvar-lhes a vida com grande livramento" (Gênesis 45:7).

É importante destacar que a conclusão de José sobre si mesmo ocorreu no ápice de sua vida, quando estava no "topo".

No entanto, o começo de sua jornada foi trágico e incrivelmente desafiador. Ele era como uma árvore plantada em solo árido, vendido como escravo aos dezessete anos, dando seus primeiros passos na vida adulta na casa de Potifar, um oficial do faraó do Egito.

Apesar das adversidades, José desempenhou com excelência suas responsabilidades como escravo, elevando-se à posição de "gerente" naquela casa. Enfrentou momentos delicados, sendo assediado repetidamente pela esposa de seu patrão, enfrentou as investidas como um rochedo resistindo às ondas do mar, mantendo-se firme e inabalável. Infelizmente, a mulher, sentindo-se desprezada, mentiu para seu marido, alegando que José tentara violentá-la. Numa dessas oportunidades, ela tentou agarrá-lo, mas ele conseguiu escapar, deixando seu manto para trás. Ao contar ao marido, que era o chefe da guarda do faraó, este acreditou na versão de sua esposa e enviou José para a prisão.

Mas calma, ainda não é tudo. Na prisão, suas atitudes e proatividade não passaram despercebidas. Mais uma vez, ele se destacou, chamando a atenção do carcereiro, que o nomeou como "gerente" da cela.

Foi lá que ocorreu o conhecido "networking" quando o copeiro e o padeiro do faraó foram presos. Curiosamente, mesmo sendo um dos mais antigos na cela e desfrutando de algumas regalias junto ao carcereiro, José não se acomodou. Em vez disso, ele adotou uma atitude de *servir aos recém-chegados*: "O capitão da guarda os deixou aos cuidados de José, **que os servia**" (Gênesis 40:4a, grifo meu).

Que atitude nobre! No contexto em que eu cresci, tanto em ambiente escolar quanto profissional, sempre que alguém novo chegava, era colocado para fazer as piores tarefas e servir aos demais, mas com José era diferente, pois ele bem sabia que: "Grande é aquele que serve".

"Entenda, se o seu sentido de vida estiver ancorado apenas no futuro, quando alcançar algo específico, alguma coisa pode estar

errada. Observe José: ele é lembrado por ter sido governador, mas serviu como escravo e prisioneiro. Seu propósito não era apenas chegar ao topo para servir; era servir enquanto caminhava em direção ao topo."

Na manhã seguinte, ele interpretou os sonhos dos novos detentos, como uma vela acesa na escuridão, irradiando calor e luz. Mas antes, observe a sensibilidade dele: "Quando José foi vê-los na manhã seguinte, **notou que estavam abatidos**" (Gênesis 40:6, grifo meu).

Que sensibilidade incrível! José se destacava extraordinariamente, especialmente considerando os injustos sofrimentos que enfrentara.

Após interpretar os sonhos, o copeiro foi libertado de acordo com a interpretação de José. Este, por sua vez, pediu ao copeiro que se lembrasse dele, pois também estava detido injustamente. No entanto, o copeiro se esqueceu de José, só se lembrando dele após dois anos.

Isso evidencia que, mesmo sendo um homem maduro no momento do reencontro com os irmãos, demonstrava a mesma motivação que o impulsionou a ser um bom empregado na casa de Potifar, resistir ao assédio da mulher do patrão e manter-se digno na prisão. Ele permaneceu uma pessoa íntegra e confiável, sem se tornar arrogante no reencontro com os irmãos.

Você já se questionou sobre o motivo de estar onde está? Talvez seja diretor, gerente, supervisor, pastor, professor, médico, advogado, ou qualquer outra profissão. É provável que nossa missão não seja necessariamente "salvar o mundo", mas certamente podemos fazer a diferença na vida de alguém. E isso, por si só, já é grandioso. Já pensou sobre isso?

Muitas pessoas estão se sentindo desanimadas e frustradas por não trabalharem em algo que amam, sentindo-se desvalorizadas por isso. Na realidade, poucos têm a oportunidade de trabalhar em algo que realmente os apaixona, algo que fariam mesmo sem remuneração, ou até como um *hobby*.

TRANSFORMANDO DESAFIOS EM OPORTUNIDADES:

Encaremos essa realidade: Muitos não têm o privilégio de fazer o que amam desde o início. No entanto, a grande maioria dos excelentes profissionais não necessariamente faz o que ama, mas aprendeu a amar o que faz. E é por isso que se destacam, dedicam-se ao máximo e tornam-se excelentes em suas áreas. Ao fazerem o seu melhor, encontram felicidade, e, ao se sentirem felizes, continuam a se dedicar ao máximo.

Conta-se que em uma ocasião, enquanto pintava o teto da Capela Sistina na Itália, o renomado pintor e escultor Michelangelo, dos séculos XV e XVI, foi questionado sobre por que acrescentava tantos detalhes em locais que ninguém conseguiria enxergar. Sua resposta foi simples, mas profunda: "Deus vê!"

Nesse sentido, considero pertinente a frase do professor e filósofo Cortella: "Faça o teu melhor, na condição que você tem, enquanto não tem condições melhores, para fazer melhor ainda" (Mario Sergio Cortella).

Não ter um propósito definido na jornada da vida é como navegar sem uma bússola. Sem um destino claro em mente, acabamos à mercê das circunstâncias, sem uma direção clara para seguir. Essa falta de clareza pode levar à falta de motivação, indecisão e até mesmo desespero, pois qualquer caminho parece ser o certo quando não há um objetivo definido.

Assim, muitas pessoas se encontram ecoando as palavras de Lewis Carroll: *"Se você não sabe para onde está indo, qualquer caminho serve".* Essa frase ressoa especialmente para aqueles que vagueiam sem um propósito claro, permitindo que o acaso e as influências externas determinem seu destino. No entanto, ao descobrirmos nosso propósito e definirmos nossos objetivos, tornamo-nos os capitães de nossas próprias vidas, navegando com determinação em direção aos nossos sonhos e aspirações.

Há pessoas que perderam a capacidade de sonhar e de vislumbrar o futuro. Elas se encontram em uma espécie de estagnação, deixando de plantar as sementes do amanhã e caindo em uma passividade que pode ser altamente prejudicial. Afinal, negligenciar o plantio hoje pode resultar na colheita de tempestades no futuro. Isso é muito sério, se não veja o que o versículo bíblico no Antigo Testamento diz: "Eles semeiam vento e colhem tempestade" (Oséias 8:7a).

São pessoas que estão constantemente dizendo "eu não fiz nada" para que isso me acontecesse, colocam-se como vítimas, coitadas ou injustiçadas. Sei o quanto pode ser duro, Entretando, é importante dizer: bom seria se quem não plantasse nada, tão somente não colhesse nada. Todavia, quem não planta nada=vento, pode colher tempestades, pois o que deve ser feito, deve ser feito! (falaremos mais em outro capítulo).

Ao observarmos a vida de José, não encontramos vestígios de apatia, desânimo ou frustração (embora todos possamos experimentar esses sentimentos de tempos em tempos). Ele tinha plena consciência de que Deus tinha um propósito para sua vida, e através dela, mesmo sabendo que o Egito, onde passou a maior parte de sua vida, não era seu verdadeiro lar. Tanto é que ele fez um pedido especial aos seus irmãos: que seus ossos fossem levados de volta para Canaã. José fez que os filhos de Israel lhe prestassem um juramento, dizendo-lhes: "Quando Deus intervier em favor de vocês, **levem os meus ossos daqui**" (Gênesis 50:25, grifo meu).

Na trajetória de José, ele começou como escravo e terminou como governador. Contudo, ao longo da vida, ele permaneceu fiel a si mesmo, mantendo sua identidade inabalável, independentemente de sua posição social ou status. Ele chegou como *José* e terminou como *José*: Então disse **José** a seus irmãos: **"Eu sou José..."** (Gênesis 45:3a).

Assim como um artesão lapida uma pedra bruta para revelar sua beleza oculta, o autoconhecimento nos permite polir nossa essência, revelando as facetas únicas que nos tornam quem somos.

Nisso, fica clara a importância do autoconhecimento. Você sabe quem é de fato? Além do RG, da casa onde mora ou da sua profissão, há algo mais que o define?

Pense nisso!

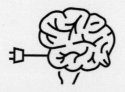

CAPÍTULO III
"NÃO CARREGUE 'FARDOS' PELA IMPERFEIÇÃO DA SUA FAMÍLIA"

"NÃO TE CABE RESOLVER TODOS OS PROBLEMAS DO MUNDO; CUIDA APENAS PARA NÃO SER UM DELES."
(VANELLI DORATIOTO)

> *Se alguém não cuida de seus parentes, e especialmente dos de sua própria família, negou a fé e é pior que um descrente.*
> *(1 Timóteo 5:8)*

Este é um dos versículos bíblicos que ressalta a importância de cuidar dos nossos familiares que eu gosto muito. Pode parecer contraditório com o foco deste capítulo, mas não é. É essencial discernir entre cuidar no sentido de amar, zelar, proteger e auxiliar, e simplesmente carregar o peso das escolhas e decisões de outra pessoa, mesmo quando se trata de alguém que amamos profundamente.

Em certos momentos, é preciso deixar certas situações de lado e não permitir que elas se tornem um fardo emocional. Embora seja natural sentir tristeza ao ver entes queridos enfrentando dificuldades, bem como é gratificante compartilhar suas alegrias e conquistas. Não estou sugerindo que se deve virar as costas; pelo contrário, devemos estender a mão e oferecer ajuda, demonstrando solidariedade.

Entretanto, é muito importante não permitir que a responsabilidade de resolver todos os problemas recaia exclusivamente sobre seus ombros. Isso porque há pessoas que, infelizmente, não estão dispostas a ajudar a si mesmas ou a fazer mudanças em suas vidas; em vez disso, esperam que outros resolvam seus problemas. É fundamental estabelecer limites e não permitir que lhe explorem emocionalmente (há exceções).

Seja generoso, leve alívio, mas não assuma o fardo do outro. Imagine-se como um navegador em um mar tempestuoso, oferecendo ajuda a um navio em apuros. Você lança cordas de salvamento, oferece apoio moral e tenta guiar o navio para águas mais calmas. Contudo, é fundamental lembrar que você está em seu próprio barco e não pode permitir que o peso do navio em dificuldades afunde você também.

O mesmo acontece quando se trata de entes queridos em momentos difíceis. É fundamental oferecer apoio, compartilhar recursos e dar uma mão amiga, mas não se deixe afundar sob o peso de seus problemas. Cada pessoa é como um navio único navegando pelas águas da vida, com sua própria capacidade de enfrentar as tempestades e tomar decisões.

Ao ajudar os outros, seja como um farol, oferecendo orientação e iluminação, mas sempre mantendo uma distância segura para evitar ser arrastado para as profundezas. É uma questão de equilíbrio entre ser generoso e compassivo, sem comprometer a própria estabilidade e bem-estar.

É natural que em determinadas situações sintamos o peso do revés, da perda ou da dor, especialmente quando envolve pais, filhos ou irmãos; às vezes, a angústia é sentida como se fosse nossa. Todavia, é necessário ter cautela e discernir entre um infortúnio passageiro, um mero tropeço e situações resultantes de escolhas e decisões erradas, verdadeiras "tragédias anunciadas", em que a própria pessoa tem consciência de que está agindo de forma destrutiva, andando na direção errada, e parece que não está nem aí.

Em situações de infortúnio, é fundamental que a família esteja presente, oferecendo apoio incondicional e estendendo as mãos para ajudar. No entanto, quando as dificuldades são resultado de escolhas conscientes da pessoa, é essencial permitir que ela assuma suas responsabilidades e lide com as consequências. Nesses momentos, é importante manter a fé e continuar torcendo e orando para que a pessoa encontre o caminho certo. Às vezes, é necessário buscar ajuda profissional para lidar com essas questões de forma eficaz.

Todavia, não se culpe por isso. A pessoa fez suas escolhas, e carregar esse fardo pode ser muito prejudicial. Assim como em um voo, em que é instruído a colocar a máscara de oxigênio primeiro em si mesmo antes de ajudar os outros, cuidar de si mesmo é como cuidar do próprio oxigênio necessário para enfrentar os desafios. Ao priorizar seu próprio bem-estar, você garante que está forte o suficiente para oferecer apoio genuíno aos outros, mesmo em situações difíceis. Isso não é egoísmo, é autocuidado. *CUIDE-SE!*

José, como a maioria de nós, não cresceu em um lar perfeito, pois a perfeição familiar é uma ilusão. Contudo, existem, sim, lares que realmente são um lugar saudável para crescer e viver, um bom refúgio para o corpo e a alma, lugar a que se anseia retornar, pois oferece proteção, provisão, acolhimento, paz, descanso, segurança e companheirismo. Infelizmente, esse não foi o caso da família de José. Ele cresceu em um ambiente marcado por conflitos não resolvidos, onde as relações eram marcadas por favoritismos e ressentimentos. O pai demonstrava um amor desigual entre os filhos, o que gerava ciúmes e ódio entre os irmãos: "Ora, Israel **gostava mais de José** do que de qualquer outro filho" (Gênesis 37:3a, grifo meu).

Apesar das tempestades familiares, José permanecia como um farol de integridade, iluminando as sombras das más ações de seus irmãos: "Ajudava os filhos de Bila e os filhos de Zilpa, mulheres de seu pai; **e contava ao pai a má fama deles**" (Gênesis 37:2, grifo meu).

Possivelmente, sentar-se à mesa nesta família não deveria ser o melhor momento para José. Talvez o tratamento de alguns dos irmãos com ele fosse do tipo: "Pegue o pão aí para mim, ô protegidinho do papai; passa a manteiga seu dedo-duro". Para agravar ainda mais a situação, José teve dois sonhos intrigantes, o primeiro deles significava que seus irmãos seriam seus servos: "Estávamos amarrando os feixes de trigo no campo, quando o meu feixe se levantou e ficou em pé, e os seus feixes se ajuntaram ao redor do meu **e se curvaram diante dele**" (Gênesis 37:7, grifo meu).

Em seu segundo sonho, ele viu não apenas seus irmãos, mas até mesmo seus pais se curvando diante dele. Isso provocou ainda mais ressentimento e inveja por parte de seus irmãos, intensificando ainda mais o clima de hostilidade: "Depois teve outro sonho e o contou aos seus irmãos: 'Tive outro sonho, e desta vez **o sol, a lua e onze estrelas se curvavam diante de mim'**" (Gênesis 37:9, grifo meu).

Por conta disso, José foi alvo de um quase assassinato por parte de seus irmãos, o que culminou em sua venda como escravo: "Quando os mercadores ismaelitas de Midiã se aproximaram, **seus irmãos tiraram José do poço e o venderam por vinte peças de prata aos ismaelitas**, que o levaram para o Egito" (Gênesis 37:28, grifo meu).

Suponho que já tenha ficado claro o quão disfuncional era a família deste jovem, apesar de ter sido traído, golpeado e injustiçado pelos próprios irmãos, não há menção de José se lamentando ou se vitimizando. E como foi proposto tratar aqui: *"Nem carregando o fardo da imperfeição da sua família"*.

Famílias podem ser uma bênção, mas também podem trazer desafios, pois são compostas por indivíduos que fazem suas próprias escolhas. Não devemos assumir a responsabilidade pelas escolhas dos outros, sejam elas boas ou más. Embora as escolhas positivas de outros possam trazer benefícios, também é importante reconhecer quando as más escolhas trazem prejuízos. José exemplifica isso ao não se deixar abater pelas más escolhas de sua família e ao não assumir o fardo de suas condutas negativas. Ele não se entregou ao vitimismo ou à autocomiseração, mas sim fez suas próprias escolhas para seguir adiante.

Compreendo que não seja simples nem fácil lidar com essas situações. Elas podem deixar machucados e feridas profundas, e muitas vezes o restabelecimento leva tempo. Certamente, não adiantará ficar remoendo essas perguntas: "Por que comigo?" ou "O que eu fiz de errado?". É importante focar nas soluções e no processo de cura, em vez de buscar respostas que podem não ser encontradas.

Infelizmente, é comum observarmos dentro de uma mesma família, cuja criação dos filhos tenha sido semelhante (embora não perfeita), que, ao chegarem à vida adulta ou mesmo à adolescência, alguns optem pelo caminho do bem, enquanto outros escolhem o caminho do mal. Enquanto um faz escolhas acertadas, o outro se envolve em decisões prejudiciais.

Tomemos como exemplo a história bíblica dos irmãos Caim e Abel. Embora o relato não nos forneça detalhes sobre a criação deles, é evidente que um escolheu o caminho do bem e o outro o caminho do mal. Essa divergência culminou no terrível ato de Caim, que, por inveja, chegou ao extremo de matar Abel (Gênesis 4:8). Isso nos mostra que, mesmo criados no mesmo ambiente e sob as mesmas circunstâncias, as pessoas podem optar por caminhos totalmente opostos.

Há muitas pessoas que carregam um fardo pesado devido às más escolhas de seus pais, filhos ou irmãos. Esse poderia ter sido o caso de José, mas não foi. Estou compartilhando isso porque frequentemente me deparo com pessoas que sofrem devido aos erros alheios. Às vezes, atribuem seu sofrimento atual aos erros passados dos outros, como se fosse uma punição divina.

Esse tipo de pensamento era muito comum na cultura judaica e, por incrível que pareça, ainda é difundido em algumas comunidades, influenciando até mesmo alguns cristãos. No entanto, nem mesmo a Bíblia respalda essa ideia. No livro de Ezequiel, no Antigo Testamento, há um texto demonstrando que "Deus já chamava a atenção do povo quanto a isso", pois era comum para eles responsabilizar os pais pelos seus infortúnios, e vice-versa. Nesse caso, vale a pena observar o que está registrado na Bíblia a esse respeito:

> Que é que vocês querem dizer quando citam este provérbio sobre Israel: 'Os pais comem uvas verdes, e os dentes dos filhos se embo-

tam'? Juro pela minha vida, palavra do Soberano Senhor, que vocês não citarão mais esse provérbio em Israel. Pois todos me pertencem. Tanto o pai como o filho me pertencem. Aquele que pecar é que morrerá (Ezequiel 18:2-4).

Naquela cultura, era comum o filho atribuir aos pais seus infortúnios caso tivessem cometido erros no passado, e vice-versa. Recomendo a leitura do capítulo dezoito de Ezequiel para um entendimento melhor sobre essa questão.

Tem-se com isso ao menos dois problemas: O primeiro é carregar um fardo que não lhe pertence. O segundo é não assumir suas responsabilidades, usando como argumento que sua vida não flui pelos erros dos outros.

Ao assumir fardos alheios, carregamos pesos que não nos pertencem, enquanto negligenciamos nossas próprias responsabilidades.

Não pretendo, de forma alguma, promover o individualismo; pelo contrário, defendo a irmandade, o companheirismo e a coletividade. Acredito que a vida encontra sua essência na relação com o outro e que temos até mesmo corresponsabilidade pela vida do próximo. Nesse sentido, compartilho da seguinte ideia: "O sentido da vida é descobrir o seu dom e presenteá-lo aos outros" (David S. Viscott).

Nós devemos, sim, cuidar do próximo; ajudar o outro é nobre e auxiliar em suas dificuldades é um gesto lindo e humano. Todavia, é importante entender que quando se trata das consequências das decisões dos outros, especialmente em situações onde não há infortúnio, mas sim escolhas conscientes e falta de mudança de atitudes e comportamentos, é necessário livrar-se dos fardos alheios. Não se sentir culpado, não carregar essa angústia. Como observado no livro de Ezequiel, nem mesmo Deus colocou a culpa de um sobre o outro. *Então, por que você iria querer carregar esse fardo?*

Até porque, se desejarmos verdadeiramente ajudar e ser um alívio na vida do outro, é fundamental estarmos livres dessas "amarras". Somente assim teremos condições de verdadeiramente auxiliá-los. Do contrário, a única coisa que deve conseguir é adoecer e se tornar emocionalmente dependente do outro.

Não estou dizendo que será fácil, nem que simplesmente irá esquecer (impossível). Mas só assim poderá enxergar com mais clareza para seguir adiante na jornada. Cheio de fé e esperança, confiando que, na viagem da vida, Deus pode realizar milagres, pois para Ele não há vida irrecuperável. Pois há muitas situações que, para o homem, podem parecer impossíveis, mas para Deus todas as coisas são possíveis: Jesus olhou para eles e respondeu: **"Para o homem é impossível, mas para Deus todas as coisas são possíveis"** (Mateus 19:26, grifo meu).

CAPÍTULO IV
"NÃO DEIXE PARA DEPOIS O QUE PRECISA SER FEITO AGORA!"

"HOJE, ALGUMAS PESSOAS VÃO RECLAMAR SOBRE AS MESMAS COISAS QUE ELAS RECLAMAVAM HÁ SEIS MESES. ENQUANTO OUTRAS VÃO TOMAR UMA ATITUDE PARA RESOLVÊ-LAS. ESCOLHA BEM DE QUE LADO VOCÊ QUER ESTAR."
(AUTOR DESCONHECIDO)

TRANSFORMANDO DESAFIOS EM OPORTUNIDADES:

Em geral, a maioria das pessoas, algumas mais determinadas do que outras, traçam planos e estabelecem objetivos a serem alcançados ao longo de sua jornada. Esses planos podem variar em termos de formalidade, com alguns sendo mais estruturados do que outros. Entre esses objetivos, podemos incluir: cuidar da alimentação, praticar atividades físicas, realizar cursos adicionais, aprimorar as finanças, ler livros específicos, realizar exames de saúde regulares, buscar crescimento profissional ou até mesmo mudar de carreira, entre outras possibilidades.

Identificar e planejar áreas de melhoria é o primeiro passo essencial. No entanto, quando ações simples, que poderiam ser realizadas hoje, vão sendo deixadas para amanhã, isso pode começar a causar problemas.

O maior problema é que isso vai se tornando um hábito, denominado *procrastinação*. Além de começar a atrapalhar as "engrenagens" que compõem o processo natural de vida, a procrastinação vai se tornando um grande problema. Embora seja comum adiar algumas tarefas para o dia seguinte, o problema surge quando isso se torna uma prática constante, resultando em atrasos ou até mesmo na paralisação completa de seus projetos.

Essa situação torna-se ainda mais alarmante quando esses comportamentos se tornam cada vez mais frequentes sem que a pessoa perceba, podendo influenciar negativamente até mesmo o seu caráter. Quando decisões importantes que envolvem princípios éticos e morais são adiadas ou tratadas de forma negligente, as consequências podem ser extremamente graves.

É importante perceber que tal hábito pode ser sutil em algumas situações, mas em outras pode ter um impacto significativo. Existem momentos em que a jornada exigirá ações ou decisões imediatas. Embora errar seja humano (quem nunca?), é necessário que se tome alguma providência diante de tais circunstâncias.

José era um daqueles indivíduos que agiam prontamente quando necessário. Aos dezessete anos, diante de uma questão ética e moral, não hesitou em denunciar ao pai as más ações de seus irmãos, demonstrando sua integridade e coragem: "...e contava ao pai a má fama deles" (Gênesis 37:2b).

A questão aqui não é se essa foi a melhor atitude, pois quase sempre há outras possibilidades. Por exemplo: Ele poderia ter confrontado os irmãos inicialmente, ou poderia ter dialogado com outros membros da família. Já que a má reputação era atribuída apenas a alguns irmãos: Dã, Naftali, Gade e Aser. Estes eram os filhos de Bila e Zilpa mencionados no texto: "Ajudava os filhos **de Bila e os filhos de Zilpa**, mulheres de seu pai; e contava ao pai a **má fama deles**" (Gênesis 37:2b, grifo meu).

É inegável que ponderar e refletir para tomar a melhor decisão possível é fundamental. No entanto, não podemos permanecer inativos ou coniventes, pois, como diz o ditado, "Quem cala, consente".

Observe a relevância disso no exemplo da má conduta dos irmãos: José, um adolescente de dezessete anos, se posicionou, enquanto o pai, o verdadeiro responsável pela educação dos filhos, *infelizmente, nada fez*.

Por conta disso, mais o fato de o pai demonstrar maior afeto por ele do que pelos demais irmãos, aumentou a antipatia e o ódio deles por José: "...**odiaram-no** e não conseguiam falar com ele amigavelmente" (Gênesis 37:4b, grifo meu).

Infelizmente, como consequência de "abrigarem o ódio no coração", ficaram totalmente "cegos", e criminosamente venderam seu irmão como escravo.

Ao contrário do caráter firme de José, seu irmão mais velho, Rúben, não mostrou a mesma determinação. Embora tivesse a oportunidade de evitar que José fosse vendido como escravo, ele não o fez, embora sua intenção inicial tenha sido boa:

> Quando Rúben ouviu isso, tentou livrá-lo das mãos deles, dizendo: "Não lhe tiremos a vida!" E acrescentou: "Não derramem san-

gue. Joguem-no naquele poço no deserto, mas não toquem nele". **Rúben propôs isso com a intenção de livrá-lo e levá-lo de volta ao pai** (Gênesis 37: 21,22, grifo meu).

A intenção de Rúben era louvável, porém há momentos em que boas intenções não são suficientes. Como se costuma dizer, "de boas intensões o inferno está cheio". Rúben, como irmão mais velho, tinha uma posição de autoridade naquela cultura, mas falhou em exercê-la quando necessário. Ele poderia e deveria ter defendido José, afirmando que ele era seu irmão; mesmo entre mal-entendidos, deveria ser protegido e pronto.

Faltou-lhe o posicionamento adequado para evitar a tragédia que se seguiu. Infelizmente, esse padrão de comportamento problemático já vinha do próprio patriarca Jacó, que demonstrava fragilidades de caráter semelhantes. Certa vez, Rúben deitou-se com uma de suas concubinas (naquela cultura praticava-se a poligamia): "Na época em que Israel vivia naquela região, **Rúben deitou-se com Bila, concubina de seu pai. E Israel ficou sabendo disso**. Jacó teve doze filhos" (Gênesis 35:22, grifo meu).

A atitude de Rúben demonstrou um profundo desrespeito pelo pai, além de indicar uma possível reivindicação antecipada de sua herança, já que, naquela cultura, o filho mais velho herdava as concubinas do pai. O mais surpreendente é que Jacó não tomou nenhuma providência, faltou posicionamento.

Cerca de 22 anos depois, após "perder" seu filho José na trama maligna dos irmãos (Jacó nunca soube dessa trama), outros dez irmãos descem ao Egito para comprar trigo. Nesse "meio-tempo", José tornou-se governador daquele país. Simeão, o segundo filho, fica no Egito preso como "penhor", como garantia de que eles iriam voltar levando o irmão caçula, Benjamim (quanto a isso, falaremos mais no capítulo onze). A atitude de Jacó me parece uma atitude conformista, pois diante de acontecimentos tão sérios, considerando que ele já havia "perdido um filho", estando correndo o risco de perder outro, veja o que ele diz: "Que o Deus Todo-Poderoso lhes conceda misericórdia diante daquele homem, para que ele permita que o seu outro irmão e Benjamim voltem com vocês. **Quanto a mim, se ficar sem filhos, sem filhos ficarei**" (Gênesis 43:14, grifo meu).

O agravante aqui é que meses se passaram desde que um dos filhos (Simeão) ficara preso no Egito. Como um pai pode esperar meses para se posicionar diante de uma questão tão séria? E ainda permaneceu omisso, permitindo que os filhos retornassem apenas quando o trigo acabou. Agora não havia opção, senão retornar ao Egito para comprar mais trigo.

Nesse caso, Judá relembrou-lhe que ou eles retornavam levando o irmão caçula, ou seria melhor nem retornar: "Mas Judá lhe disse: 'O homem nos advertiu severamente: 'Não voltem à minha presença, a não ser que tragam o seu irmão'" (Gênesis 43:3).

E ainda menciona a demora que ocorreu até que essa decisão fosse tomada: "Como se vê, se não tivéssemos demorado tanto, já teríamos ido e voltado duas vezes" (Gênesis 43:10).

Decisões importantes não podem ser procrastinadas ou adiadas. Não quero dizer com isso que se deve tomar decisões precipitadas. Em momentos de tensão e fortes emoções, tomar decisões definitivas pode não ser prudente nem saudável.

Pense e reflita profundamente. Se precisar de ajuda, não hesite em pedir, mas tome as ações necessárias. Não seja complacente em relação às suas responsabilidades; se precisar confrontar um filho, faça-o! Se for necessária uma reunião para resolver questões familiares, organize-a. Da mesma forma, reveja situações mal resolvidas entre amigos ou parentes. É evidente que há circunstâncias nas quais você não soube de fato; nesses casos, se você não sabe ou não viu, simplesmente não sabe ou não viu.

Não ignore o que sabe, viu ou ouviu. É ainda mais importante estar atento aos pequenos sinais de desvio da norma, seja em casa, no trabalho ou na comunidade religiosa. Se começar a notar algo diferente, é indispensável tomar uma posição. Nesse momento, é essencial levar a questão a sério e decidir-se por um posicionamento. Pois como já escreveu o amigo e pastor Sergio Fernandes, vice-presidente da I.E.F.B (Igreja Evangélica do Fundamento Bíblico), em seu livro *O tempo que se chama hoje*: "A indecisão 'ficar em cima do muro' é a decisão de não se decidir".

Com José, as coisas eram diferentes e, em todas as situações que surgiam diante dele, ele se posicionava.

Na hora de trabalhar ele trabalhou:

> O Senhor estava com José, de modo que este prosperou e passou a morar na casa do seu senhor egípcio. Quando este percebeu que o Senhor estava com ele e que o fazia prosperar em **tudo o que realizava**, agradou-se de José e tornou-o administrador de seus bens. **Potifar deixou a seu cuidado a sua casa e lhe confiou tudo o que possuía** (Gênesis 39:2-4, grifo meu).

Quando não se examinam os pormenores da história de José, parece que tudo aconteceu de maneira rápida e quase mágica, como se fosse um enredo de filme de Hollywood. Exceto pelo fato de ter sido vendido como escravo e ter passado um período na prisão, o restante pareceu desdobrar-se como um conto de fadas. Tudo pareceu acontecer da noite para o dia, sem dor, cansaço, esforço, medo ou dúvidas, como se fosse uma jornada fácil e sem obstáculos. No entanto, vale ressaltar que, se ele foi vendido aos dezessete anos e tornou-se governador do Egito aos trinta, e passou dois anos na prisão, quer dizer que ficou aproximadamente onze anos trabalhando na casa de Potifar. Como escravo e estrangeiro, certamente precisou de uma grande dose de inspiração, depois muita transpiração e esforço árduo até ser reconhecido como alguém de valor.

Penso que um dos principais fatores em tudo isso é o caráter confiável de José, por duas vezes se lê a expressão "o Senhor estava com José" (Gênesis 39:2; 21). Acredito que os principais indicativos da presença de Deus na vida de alguém não são a sorte, as posses, o status, os amigos ou a prática religiosa, mas sim o comportamento exemplar, íntegro e confiável no modo como essa pessoa age em suas relações, negócios e interações. Por onde passam, deixam marcas positivas, inspiram valores e contribuem para a vida de outras pessoas.

O tempo passou, e agora José tem trinta anos. Tornou-se governador do Egito e casou-se com Azenate, filha de um sacerdote.

Desculpe-me, mas creio que muitos de nós, neste momento, poderíamos dizer: "Só eu sei o que passei para chegar até aqui, quantos sofrimentos e humilhações... Agora é a minha vez, chegou a minha hora de desfrutar do sucesso, agora é sombra e água fresca". Contudo, vejamos o que a Bíblia nos ensina: "O faraó deu a José o nome de Zafenate-Panéia e lhe deu por mulher Azenate, filha de Potífera, sacerdote de Om. **Depois José foi inspecionar toda a terra do Egito**" (Gênesis 41:45, grifo meu).

Não se pode afirmar quantos dias se passaram entre o casamento e esse evento mencionado. Mas para alguém que veio de uma família rica, foi vendido como escravo, trabalhou arduamente e, como "prêmio", foi vítima de traição, trabalhou duro novamente e, quando pediu um favor (pediu ao copeiro da prisão que se lembrasse dele), "ganhou" dois anos de esquecimento.

Posso estar enganado, mas acredito que a maioria das pessoas gostaria de desfrutar de uma bela e longa lua de mel. No entanto, José optou por trabalhar e percorrer toda a terra do Egito. Eu até penso que ele deve ter tirado alguns dias para uma lua de mel merecida. Entretanto, esse sujeito é do tipo que diz: "Não deixe para amanhã o que pode ser feito hoje!" Mesmo porque, ele realmente tinha um trabalho desafiador pela frente.

Este era o tipo de atitude que José demonstrava o tempo todo: na hora de fugir, ele fugiu (fugiu da mulher que o assediava – Gênesis 39:12); na hora de pedir ajuda, ele pediu (pediu ajuda ao copeiro – Gênesis 40:14); na hora de chorar, ele chorou (Gênesis 43:30, 45:2 e 50:17); na hora de perdoar, ele perdoou (Gênesis 45:1-8); na hora de cuidar dos irmãos, ele cuidou (Gênesis 45:24 e 50:21).

A sensação de "dever cumprido" é maravilhosa. Portanto, se houver algo a ser feito, faça-o. É preferível correr o risco de cometer um erro ao agir do que carregar o sentimento de "e se..." pelo resto da vida, ou enfrentar sérias consequências por não ter decidido e se posicionado. Então, não hesite, simplesmente faça!

Troque a ociosidade pela operosidade: vencendo a preguiça com o trabalho

José trabalhava na casa de seu pai;

na casa de Potifar;

na prisão;

no palácio do faraó.

Penso que a igreja evangélica (grupo do qual faço parte e amo) precisa trocar a ociosidade pela operosidade, a preguiça pelo trabalho. Ser trabalhador de Deus na terra. Segundo comentaristas bíblicos, a palavra hebraica utilizada para adoração é a mesma utilizada para culto (hábito comum nas igrejas), mas também é a mesma palavra utilizada para serviço. Portanto, é hora de adorar a Deus não apenas por meio de rituais, mas também por meio do serviço ao próximo. Isso, sim, será um verdadeiro culto.

Existem pessoas doentes nos hospitais que precisam de visitas, crianças em orfanatos precisando de socorro, idosos em asilos que anseiam por um abraço, irmãos e amigos que precisam de uma mensagem de fé, pessoas em situação de rua que precisam de um olhar acolhedor, um banho, roupas e uma refeição "temperada com amor". Esses exemplos poderiam ser multiplicados, mas o que realmente quero é convidá-lo a: "fazer o que precisa ser feito, no momento em que precisa ser feito". Essa também é uma genuína expressão de louvor e culto a Deus.

José teve sonhos inusitados, também recebeu de Deus capacitação para interpretar sonhos. No entanto, não o vemos "sonhando acordado" ou de braços cruzados esperando que seus sonhos se tornassem realidade.

Em outras palavras, José não era daqueles que ficam "pulando de live em live, igreja em igreja, participando de seminários, fazendo cursos e imersões em busca de uma senha, chave ou código para realizar seus sonhos". Isso não significa que não se deva buscar aperfeiçoamento e adquirir novos conhecimentos, mas é importante tomar cuidado e evitar a busca por fórmulas mágicas. Ele simplesmente vivia cada momento, fazendo o que precisava ser feito, no momento certo e com integridade. José era alguém que mantinha os pés no chão, as mãos à obra e os olhos em Deus – um sujeito verdadeiramente admirável.

Isso me faz lembrar da abordagem que o professor e filósofo Mário Sérgio Cortella escolheu para ensinar seus filhos sobre o "segredo da vida". Ele costumava dizer que revelaria o segredo quando eles completassem 12 anos:

> O mais velho, no dia em que completou 12 anos, o acordou as 4 da manhã.
>
> — Pai, hoje é meu aniversário.
>
> — Que maravilha, filho!
>
> — Estou fazendo 12 anos.
>
> — Que ótimo.
>
> — Então, é o dia em que você vai me contar o segredo da vida.

— Vou, sim. Vem aqui, senta aqui com o papai na sala. Eu vou contar, mas você não conte aos seus irmãos. Sabe qual é o segredo da vida?

— *Não.*

— Vaca não dá leite.

— *Hã?*

— Vaca não dá leite. Você tem que tirar.

(Mario Sergio Cortella)

É verdade, a vaca não dá leite. É preciso levantar de madrugada, faça frio ou calor, "arregaçar as mangas" e começar a ordenha.

Com certeza, a vaca e o leite são presentes de Deus na terra. No entanto, cabe a nós o desafio de ir à luta, ordenhar a vaca e aproveitar o leite da melhor forma possível.

José personificava a máxima de que *"missão dada é missão cumprida"*, mostrando-se determinado e comprometido com suas responsabilidades.

É impressionante como José foi confiável em todas as circunstâncias. Desde o início como escravo, quando Potifar entregou-lhe a gestão de toda sua casa, até a prisão, onde o carcereiro o designou como gerente, e finalmente no palácio do faraó, onde o próprio faraó o nomeou como governador. Que grande exemplo de determinação e confiabilidade, não é mesmo?

Você se identifica com o lema "missão dada é missão cumprida" de José? Ou é daqueles que, quando algum superior lhe designa uma tarefa, em vez de ele ter um problema a menos, acaba por ter dois problemas? Um relacionado à tarefa que lhe foi delegada e outro relacionado à execução da mesma?

Que possamos todos aprender com José. Em qualquer lugar onde estejamos – seja no trabalho, na igreja ou em casa –, que possamos realizar nossas tarefas com diligência e dedicação, para que aqueles que nos confiaram possam ficar tranquilos, sabendo que somos do tipo que *"missão dada é missão cumprida"*.

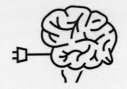

CAPÍTULO V

"É MAIS SÁBIO PREVENIR DO QUE REMEDIAR"

"UMA PESSOA INTELIGENTE RESOLVE UM PROBLEMA, UM SÁBIO O PREVINE."
(ATRIBUÍDA A ALBERT EINSTEIN)

Em meio à pandemia de coronavírus, surgiram opiniões divergentes como flechas lançadas em um campo de batalha. Uns apontavam para uma possível fabricação do vírus, enquanto outros minimizavam a gravidade da situação, instigando a retomada das atividades econômicas. Ao mesmo tempo, vozes alertavam que a realidade era ainda mais sombria do que se imaginava.

Não pretendo remexer em lembranças desagradáveis nem entrar em polêmicas sobre o assunto. Todavia, para a maioria das pessoas bem-intencionadas, porém confusas sobre a verdade por trás de tudo isso, o melhor a fazer seria seguir a máxima que já diziam os que nos antecederam: "É mais sábio prevenir do que remediar".

José também passou por maus bocados. Em algumas situações, a melhor estratégia sempre será a prevenção. Especialmente quando sabemos que existem áreas em que somos vulneráveis. Nessas circunstâncias, o melhor a ser feito é fugir do perigo desde o início. Não devemos nos considerar invencíveis; ao menor sinal de perigo, é sábio recuar. Para alguns, isso pode significar resistir à tentação de um negócio fácil e ilegal; para outros, pode ser evitar relacionamentos extraconjugais; e para outros ainda, pode ser lidar com fragilidades relacionadas a drogas, jogos ou outras áreas problemáticas. Na maioria das vezes, sabemos onde residem nossas maiores vulnerabilidades, mas, se necessário, buscar a orientação de um profissional pode ser uma estratégia valiosa para o autoconhecimento.

José encarou uma baita prova de resistência quando a mulher do Potifar ficou dando em cima dele dia após dia. Foi tipo aguentar o tranco de uma tempestade sem desistir. Ele se manteve firme em seus valores e não se deixou levar pelas investidas dela, mesmo com toda a pressão, e isso aconteceu por vários dias: "Assim, embora ela insistisse com José **dia após dia**, ele se recusava a deitar-se com ela **e evitava ficar perto dela**" (Gênesis 39:10, grifo meu).

Perceba a atitude dele nessa situação: ele simplesmente evitava ficar perto dela. É disso que estou falando aqui! Quando você se sente vulnerável, é melhor fugir. Pode soar meio contraditório, mas às vezes a melhor saída diante de um desafio é simplesmente fugir dele! Olha só o desafio que ele enfrentou, saindo de ser rejeitado e vendido pelos próprios irmãos para encarar a chance de ficar com uma das mulheres mais poderosas do Egito.

Era como uma trilha estreita em uma encosta íngreme: de um lado, estava a preservação do coração, e do outro, a tentação de trair seus valores. José optou por seguir o caminho estreito, preservar a confiança e não trair o outro era uma prioridade, mesmo porque, ele conhecia bem o peso de uma traição.

Contudo, essa nobre decisão teve um alto preço: José foi injustamente preso. É uma daquelas situações difíceis de explicar. Ele pode ter sido aprisionado fisicamente, mas sua liberdade interior permaneceu intacta. Por outro lado, há pessoas que, embora não estejam atrás das grades, vivem aprisionadas internamente pela culpa, pelo medo constante de serem descobertas e pela chantagem daqueles que já conhecem seus segredos.

Percebe o paradoxo? Não recusar algo que pareça extremamente prazeroso no momento, sobretudo quando esse prazer é inadequado, pode resultar em uma prisão interna. Não raramente, tornam-se escravos das próprias fraquezas, e até mesmo de outros que conhecem a situação. Todavia, quando preserva a força de caráter para rejeitar esses desejos passageiros, mesmo que te excluam ou zombem de ti, por dentro continuará livre.

Há outro detalhe importante aqui. Algumas pessoas podem evitar uma situação como essa por medo de serem descobertas e enfrentarem consequências trágicas, o que seria um exemplo de bom senso. No entanto, José parece ter tido pensamentos ainda mais elevados. Ele não se deitou com a mulher não apenas por medo de ser descoberto, ou por respeito ao Potifar, que era o capitão da guarda do faraó, mas também por duas razões fundamentais:

Primeiro, porque não queria trair a confiança depositada nele.

Segundo, porque preferiu priorizar agradar a Deus a se deixar levar pelos prazeres momentâneos que comprometeriam seu caráter, se não observe o que ele disse à mulher: "Ninguém desta casa está acima de mim. **Ele nada me negou, a não ser a senhora, porque é a mulher dele. Como poderia eu, então, cometer algo tão perverso e pecar contra Deus?**" (Gênesis 39:9, grifo meu).

José compreendia que ninguém está imune a ser traído, ele próprio havia sido traído pelos irmãos e, mais tarde, por essa mulher. É fundamental tomar precauções para evitar ser traído, cumprindo com as responsabilidades que nos cabem. Entretanto, não podemos controlar tudo. Mas e quanto a trair o outro? Essa é uma escolha consciente, uma opção. Pois tão importante quanto não trair o outro (responsabilidade social) e não desagradar a Deus (responsabilidade espiritual), é não trair a si mesmo, ou seja, não ferir a própria consciência.

Aquele que "guarda o coração" possui uma motivação interna que o impulsiona a resistir, ou até mesmo a fugir de situações tentadoras. Sua preocupação não se limita apenas ao que os outros pensarão ou às consequências que isso poderá acarretar. Ele busca sempre se respeitar e respeitar o próximo. José, por exemplo, demonstrou o devido respeito pela confiança que Potifar havia depositado nele e, acima de tudo, respeitou a si mesmo. Ele não quis "trair sua consciência", como quem diz: "Eu não quero me trair". Em outras palavras, ao trair alguém, estaria traindo a si mesmo.

Ocasionalmente, escuto algumas coisas sobre os sonhos de José, e de como ele foi um vencedor, e dá-se até a impressão de que José era uma espécie de "Sansão" (aquele personagem bíblico que tinha uma força física descomunal), mais forte do que todo mundo.

No entanto, ao contrário de Sansão, que tinha muita força física, e pouca força de caráter, José talvez tivesse pouca força física, mas muita força de caráter. Por isso agia com prudência e bom senso. Pois é justamente por falta de prudência, que algumas pessoas vão ficando cada vez mais perto do perigo, este parece que vai deixando de ser perigoso, vai se tornando até "simpático", vai parecendo normal o que não é normal, tornando-se o famoso "todo mundo faz, por aqui é assim mesmo" e de repente "flap", já foi.

José possuía um aguçado senso de perigo, e sua resposta era simples: fugir da situação. Ele entendia que não se deve "brincar com o perigo", como diz o ditado popular: "água mole em pedra dura tanto bate até que fura". A proximidade constante com o erro pode gradualmente fazer com que ele pareça menos terrível, até mesmo normal. No entanto, a atitude mais corajosa que alguém pode ter é justamente ter a coragem de fugir: "Assim, embora ela insistisse com José dia após dia, ele se recusava a deitar-se com ela **e evitava ficar perto dela**" (Gênesis 39:10, grifo meu).

Sansão foi o oposto de José. Ele tinha tudo para dar certo, no entanto deu errado. Justamente por "brincar com sua vulnerabilidade". Eu me recordo de um sermão compartilhado em nossa comunidade alguns anos atrás, em que coloquei um título um tanto estranho: "Saia da beirada". Na ocasião, havia me recordado de uma simples história que me deu inspiração para o sermão: "Um menino de aproximadamente seis anos de idade caiu da sua cama; quando sua mãe chegou e lhe perguntou o que aconteceu, o menino respondeu: 'Acho que fiquei perto demais do lugar onde caí'".

Essa história simples me fez refletir sobre alguns pontos importantes:

Primeiro: devemos sempre assumir nossas responsabilidades. Se você está no "chão", encare o verdadeiro motivo da sua queda.

Segundo: reconheça e assuma suas vulnerabilidades. Onde você está mais propenso a se desequilibrar? Ou seja, qual é a sua "beirada"?

Terceiro: afaste-se da "beirada". Se algo em sua jornada está te levando para o limite, afaste-se o mais rápido possível. Isso é fundamental para evitar pequenos deslizes que podem resultar em grandes quedas.

Ninguém sai de casa com a intenção de ir trabalhar e acaba se encontrando em um motel, ou sai para ir ao culto e se vê na casa da amante sem perceber. As coisas acontecem gradualmente, quase imperceptivelmente, e você se vê cada vez mais perto da "beirada". Então, meu caro amigo, afaste-se desse caminho e volte para o centro da vontade de Deus. Mesmo que alguém esteja tramando algo contra você, como aconteceu com José, seu coração estará protegido por Deus. A verdade sempre vem à tona; se você está sendo vítima de calúnia, mantenha a calma, pois a verdade será revelada. Mas se você é o caluniador, tome cuidado e corrija seu comportamento o quanto antes, pois a verdade não permanece oculta para sempre.

A frase é antiga e simples, e penso que até perdeu "força" em nossos dias, mas eu ainda acredito: "É mais sábio prevenir do que remediar"!

CAPÍTULO VI

"RESSIGNIFICANDO O PRESENTE: UM OLHAR TRANSFORMADOR SOBRE O PASSADO"

*"SEI QUE NÃO DÁ PARA MUDAR O COMEÇO.
MAS SE A GENTE QUISER, VAI DAR PARA MUDAR O FINAL."*
(ELISA LUCINDA)

Esqueçam o que se foi; não vivam no passado.
(Isaías 43:18)

Ressignificar, segundo a psicologia, é um processo profundo de dar um novo significado a uma experiência. Ao dividir a palavra, percebemos que o prefixo "Re" sugere "de novo ou novamente", implicando atribuir um novo sentido. No âmago da palavra, encontramos uma dimensão ainda mais profunda: "retirar AFETO de alguma coisa". Como psicólogo, reconheço o papel fundamental da psicoterapia nesse processo. Em muitas situações, a intervenção profissional se torna indispensável para guiar essa jornada de transformação emocional e comportamental.

Em nosso contexto, o exemplo de José faz um forte eco. Antes mesmo dos estudos psicanalíticos e psicológicos, José já possuía essa capacidade de ressignificar enraizada em sua mente e coração. Essa habilidade foi o diferencial para evitar que ele se afundasse numa espiral de remoer o passado de maneira doentia, negativa, vingativa e autodestrutiva.

Ressignificar não implica em apagar o passado ou recorrer a métodos de regressão. Também não se trata de fingir esquecimento ou criar fantasias sobre a situação. Em vez disso, é ampliar horizontes, considerar novas perspectivas de interpretação sobre os fatos. Ressignificar é ter a coragem de olhar para trás e descobrir outras facetas para sua história, facetas que libertem você do peso, da culpa, da raiva e até mesmo do sentimento de vitimismo. Assim, é possível recordar o passado sem dor, angústia ou trauma, e verdadeiramente atribuir-lhe um novo significado que faça sentido.

José, em sua jornada sinuosa, depara-se com um encontro inesperado: aqueles que o traíram e o venderam como escravo surgem diante dele como sombras do passado. É como se na estrada da vida surgisse uma curva inesperada, iluminando verdades escondidas na sombra da incerteza. Diante de uma reviravolta de tal envergadura, onde os alicerces do presente tremem diante do passado, qualquer reação mereceria respeito. Contudo, observem que, mesmo imerso nesse turbilhão de memórias dolorosas, José não se esqueceu de sua história marcada pela dor: "Cheguem mais perto", disse José a seus irmãos. Quando eles se aproximaram, disse-lhes: "**Eu sou José, seu irmão, aquele que vocês venderam ao Egito!**" (Gênesis 45:4, grifo meu).

É notável perceber a extraordinária saúde mental de José. Ele reconhece que não pode mudar o passado – ninguém pode. Observem o que ele disse: "Aquele que vocês venderam ao Egito". Este fato é inalterável. No entanto, é ainda mais impressionante observar a ressignificação que José atribui a esse fato: "**Assim, não foram vocês que me mandaram para cá, mas sim o próprio Deus. Ele me tornou ministro do faraó, e me fez administrador de todo o palácio e governador de todo o Egito**" (Gênesis 45:8, grifo meu).

Como assim? Ele diz: "Foram vocês que me venderam para o Egito, mas fiquem tranquilos, não foram vocês que me mandaram para cá". Quem me mandou para cá foi Deus! Meu coração está guardado Nele, é Ele quem cuida da minha vida; nada nesta terra acontece sem a permissão Dele. Neste caso, alguém pode contestar a ressignificação de José?

Com isso, ele não perdeu o valor supremo que todo indivíduo deveria proteger: sua integridade. Ele permaneceu fiel a si mesmo, inabalável. É como se estivesse proclamando: "Não sou apenas um filho mimado e sonhador, tampouco um escravo, muito menos alguém traído por uma mulher, e nem mesmo o governador do Egito. Nenhum estigma ou estereótipo cabem em mim! *EU SOU JOSÉ!*". "Então disse José a seus irmãos: '**Eu sou José!** Meu pai ainda está vivo?' Mas os seus irmãos ficaram tão pasmados diante dele que não conseguiam responder-lhe" (Gênesis 45:3, grifo meu).

Dos versículos 3 ao 9, ele diz por três vezes: "EU SOU JOSÉ"; no versículo 12, afirma: "sou eu, José". Que coisa extraordinária! Não há traumas, feridas, fardos ou amarguras. O ódio não encontrou morada em seu coração e, por conseguinte, não foi destilado sobre seus irmãos.

Ressignificação é, "simplesmente", o ato de recordar o passado e explorar outras interpretações dos eventos. Neste caso, quem pode afirmar com certeza que sua primeira interpretação é a correta? Ou ainda, quem disse que só existe uma interpretação para esse fato? Além disso, por que se apegar à pior possibilidade?

Recordo-me de uma paciente que enfrentava desafios de autoestima baixa e dificuldade em perdoar sua mãe. Julia, uma jovem de 16 anos (nome fictício), compartilhou comigo que, durante sua infância, por volta dos seis ou sete anos de idade, sua mãe, Isaura (nome fictício), passou por uma grave depressão. Julia interpretou isso como um "abandono" por parte da mãe em suas necessidades infantis. Segundo Julia, sua mãe Isaura ficava reclusa em seu quarto, deixando-a, uma criança, responsável pelas tarefas domésticas e pelo cuidado com ela.

Entre as sessões, exploramos outras perspectivas para esses eventos. Julia chegou à seguinte conclusão por si mesma: diante das circunstâncias, sua mãe havia "se abandonado" devido à depressão, o que influenciou sua capacidade de cuidar da filha. Isso não mudou o fato, mas mudou a interpretação do fato. Essa simples ressignificação permitiu que Julia enxergasse a situação de forma diferente. Ela compreendeu que sua mãe não a havia abandonado; na verdade, estava passando por um momento de sofrimento e necessitava de apoio.

Com essa nova compreensão, Julia conseguiu perdoar sua mãe, e sua autoestima passou por uma transformação completa ao perceber que nunca tinha sido verdadeiramente abandonada.

Encare a vida como uma longa estrada, onde cada interpretação do passado é uma parada ao longo do caminho. Ao abrir-se para novas perspectivas, é como desviar-se para estradas secundárias desconhecidas. Essas novas rotas revelam paisagens inexploradas e horizontes diferentes. Assim, ao ressignificar, você não apenas muda a paisagem ao redor, mas também encontra novos rumos e significados libertadores, como viajantes que descobrem um destino surpreendente após cada curva.

Abrir-se para novas interpretações do passado é uma oportunidade preciosa de ressignificação, trazendo consigo novos horizontes e novas perspectivas.

E quanto a você? Existe algo que você gostaria de reavaliar e dar novo sentido? Não demore, comece esse processo o mais rápido possível. Se precisar, não hesite em buscar a ajuda de um profissional. Como mencionado no capítulo quatro, não deixe para depois o que precisa ser feito agora. E no capítulo oito enfatizo a importância de pedir ajuda, podendo abrir caminho para vislumbrar novos horizontes à sua frente.

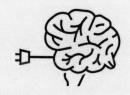

CAPÍTULO VII
"PERDÃO – UMA PONTE PARA A RESTAURAÇÃO"

"O FRACO JAMAIS PERDOA: O PERDÃO É UMA DAS CARACTERÍSTICAS DO FORTE."
(MAHATMA GANDHI)

Perdoar é libertar-se das correntes que o sentimento de mágoa impôs, pois viver com ódio é estar aprisionado. É como manter o ofensor em um cárcere interno, e cada vez que nutrimos o ressentimento, é como se estivéssemos de guarda na cela, impedindo-o de escapar.

Isso é válido tanto em relação aos outros quanto a nós mesmos. De uma vez que somos seres limitados, é inevitável ferir e ser ferido. Falhar faz parte da nossa trajetória. Quando se trata de erros e falhas, devemos usá-los como uma oportunidade de aprendizado, crescimento e empatia. Assim, não devemos permitir que se transformem em um fardo pesado de culpa em nossa jornada.

> "Perdoar é dar paz a si mesmo, é libertar o prisioneiro, e descobrir que tal meliante estava algemado em você."

Sou contrário a qualquer forma de egoísmo, incluindo a realização de ações para outros apenas visando a benefício próprio. Contudo, quando se trata de perdão, não é egoísmo pensar em si mesmo em primeiro lugar, pois, em última análise, o perdão é sempre para benefício próprio. Quando não perdoamos, somos os mais prejudicados.

Isso é parte integrante de uma prática essencial chamada autocuidado, que inclui o exercício do autoperdão. Em alguns casos, as pessoas conseguem perdoar os erros cometidos contra elas, o que é louvável. Entretanto, muitas vezes enfrentam grandes dificuldades em perdoar a si mesmas, o que pode ser extremamente prejudicial para sua saúde psíquica, emocional e espiritual, podendo até acarretar consequências físicas.

Quando nos reconhecemos como seres limitados e aceitamos que é inevitável cometer falhas, torna-se mais fácil praticar a empatia, colocando-nos no lugar do outro para compreendê-lo.

É justamente quando entendemos que somos passíveis de erro, que também cometemos falhas, que podemos compreender que o outro também falha. Assim, caminha-se assimilando a importância do perdão, do autoperdão e do ato de pedir perdão.

Na ausência do perdão, a raiva começa a entrar em cena, às vezes se disfarça de indiferença, deixando a porta aberta para o ódio. Este, por sua vez, impõe um fardo excessivamente pesado sobre os ombros da pessoa ofendida.

Nesse sentido, alguém já disse que direcionar ódio contra alguém que nos ofendeu, é como "tomar um copo de veneno e desejar que a outra pessoa morra". No entanto, como isso não ocorre, é aquele que não perdoa quem vai gradualmente adoecendo-morrendo, sendo corroído pela amargura.

Considero que esse tenha sido um dos momentos mais desafiadores na vida de José: o dilema entre a vingança, a indiferença (ou seja, não perdoar) e o genuíno perdão. Vale ressaltar que José poderia ter cedido à vingança em situações anteriores antes de se reunir com seus irmãos.

Com frequência, observa-se que um ódio não resolvido em si mesmo é direcionado para outras pessoas. Por não ter sido tratado e ainda estar latente, esse ódio muitas vezes acaba afetando indivíduos sem qualquer envolvimento na situação. É como se por trás do golpe da espada, houvesse um eco do grito daquele que foi atingido. Da mesma forma, por trás de quem agride, há alguém que sofreu agressão, por trás de quem fere, existe alguém que já foi ferido.

Quando José foi colocado como gerente na casa de Potifar, poderia ter cedido ao ódio em relação aos seus subordinados, mas optou por não o fazer. Da mesma forma, poderia ter se rendido à sedução oferecida pela mulher de Potifar como uma oportunidade para se vingar do mundo, no entanto ele recusou essa oferta. Mesmo quando foi promovido a gerente na prisão, não há indícios de que tenha agido com arrogância, prepotência ou crueldade.

Posso inferir com segurança que José compreendia que a falta de perdão e o ódio são ingredientes que alimentam a autodestruição, e por isso ele era alguém que se recusava a "abrigar o ódio no coração".

Veja bem, José foi vendido como escravo e acabou vivendo no Egito, enquanto sua família permaneceu em Canaã-Israel, acreditando que ele estivesse morto. Após muitos anos de sofrimento, ele ascendeu ao cargo de governador do Egito, graças à interpretação dos sonhos do faraó sobre sete anos de fartura seguidos por sete anos de fome iminente em todo o mundo. Durante os anos de fartura, José exerceu uma gestão excepcional na economia e no armazenamento de trigo, preparando-se para os anos de escassez. Quando a fome chegou, as nações vizinhas recorreram ao Egito em busca de alimentos, incluindo os moradores de Canaã-Israel.

Agora, passados cerca de vinte e dois anos, José se encontra diante de seus antigos algozes, os "carrascos do passado" estão em suas mãos. E então, o que fazer?

Sem dúvidas, aquele foi um dos momentos mais desafiadores da vida de José em termos emocionais. Não me interprete mal, as experiências dele ao ter sido escravo na casa de Potifar e injustamente preso foram extremamente difíceis e desafiadoras. No entanto, esses eventos externos não foram capazes de aprisionar sua mente e seu coração, pois estes sempre permaneceram livres.

Nesse momento, frente a frente com seus irmãos, ele se vê confrontado com seu passado e enfrenta o que pode ter sido a maior e mais difícil decisão de sua vida. E acredite, ele tinha opções:

1. Vingar-se dos irmãos, tornando-se assim escravo do ódio pela falta de perdão.

2. Ficar indiferente e, com isso, deixar-se consumir lentamente por sentimentos negativos e autodestrutivos.

3. Perdoá-los! E, nesse caso, desfrutar dos benefícios de uma mente livre e saudável proporcionados pelo perdão.

A decisão não seria fácil. É possível imaginar que a mente e o coração de José estavam um turbilhão, com seu corpo talvez experimentando sintomas como taquicardia, mãos trêmulas, desconforto no estômago e suando frio.

O processo de perdão é desafiador e pode ser doloroso. José estava diante de uma tarefa árdua, como podemos entender ao observar os seguintes eventos. Primeiramente ele deixou seus irmãos na prisão por três dias: "E os deixou presos três dias" (Gênesis 42:17).

Em seguida, entre um encontro e outro com os irmãos, ele se retirava para chorar. Nesse momento, José ainda não havia se revelado a eles, e os irmãos não o reconheciam: "Nisso José retirou-se e começou a chorar..." (Gênesis 42:24a).

"**Profundamente emocionado** por causa de seu irmão, José apressou-se em sair à procura de um **lugar para chorar,** e entrando em seu quarto, **chorou**" (Gênesis 43:30, grifo meu).

"E ele se pôs a **chorar tão alto** que os egípcios o ouviram, e a notícia chegou ao palácio do faraó" (Gênesis 45:2, grifo meu).

Logo após, deixa um dos irmãos preso (Simeão), permitindo que os demais retornassem a Canaã levando a comida que vieram comprar. Sua intenção era que eles voltassem novamente ao Egito trazendo o irmão caçula (Benjamim), que não esteve nesta viagem.

Eles retornam para Canaã sem saber que o governador era, na verdade, seu próprio irmão. Ao chegarem, relatam ao pai, Jacó, sobre a prisão de Simeão e a exigência de que retornassem com Benjamim, o irmão caçula. Jacó, angustiado com a possibilidade de perder mais um filho (pois, para ele, José estava morto), não toma nenhuma atitude a respeito. Esse episódio evidencia as falhas de caráter e posicionamento em grande parte dessa família. Por isso impediu que os demais irmãos retornassem com Benjamim.

Com isso, eles demoraram consideravelmente para retornar, possivelmente mais de dois meses. Segundo alguns comentaristas bíblicos, a viagem do Egito a Canaã durava cerca de um mês, o mesmo tempo para voltarem de Canaã ao Egito, sem considerar o período que ficaram em Canaã, que, segundo Judá, não foi pouco tempo, possivelmente ele usa de uma hipérbole para se referir a esses dias: "Como se vê, se não tivéssemos demorado tanto, já teríamos **ido e voltado duas vezes**" (Gênesis 43:10, grifo meu).

Considerei importante abordar esses pontos para refletirmos que o processo de perdão entre José e seus irmãos não ocorreu como por "passe de mágica". As narrativas bíblicas não detalham muito sobre o tempo que esse processo levou, mas fica claro que não foi algo instantâneo. Apenas José poderia dizer o quão doloroso foi este processo: ele chorou, gritou, pediu para que todos saíssem. Seu choro era tão alto, que até aqueles que estavam fora do ambiente podiam ouvir:

> A essa altura, **José já não podia mais conter-se diante de todos os que ali estavam, e gritou: "Façam sair a todos!"** Assim, ninguém mais estava presente quando José se revelou a seus irmãos.
>
> **E ele se pôs a chorar tão alto que os egípcios o ouviram**, e a notícia chegou ao palácio do faraó (Gênesis 45:1,2, grifo meu).

Para Sigmund Freud, o pai da psicanálise, a psique é composta por três instâncias: o Id, o Ego e o Superego.

O Id representa nossos desejos inatos, primitivos e inconscientes, regidos pelo princípio do prazer. É como se fosse o impulso instintivo: se tem vontade, faça! Esta parte da psique é amoral.

O Ego atua conforme o princípio da realidade, sendo a parte consciente da psique. Funciona como um mediador entre o Id e o Superego, buscando equilibrar os desejos do Id com as demandas do mundo exterior.

Já o Superego é como um "grande juiz", representando os pensamentos morais, culturais e éticos. Ele age contra o Id, impondo restrições e regras, definindo o que é certo e errado. É, por assim dizer, supermoral.

O Ego reside na esfera consciente da psique, mediando entre o Id e o Superego, que são vozes antagônicas.

Observando por esse ponto de vista, o Id de José poderia estar desejando, ainda que inconscientemente: "Prenda-os, escravize-os ou até mesmo mate-os". Conscientemente, o Ego poderia pensar: "Será que todo o poder de governar o Egito vale a pena, se não puder sequer governar a mim mesmo?" Enquanto isso, o Superego estaria dizendo: "Não faça isso, é errado!" Quando uma pessoa cede a todos os desejos do Id, revela uma certa fragilidade e imaturidade, sendo dominada por impulsos primitivos.

Quando alguém evita certas ações por medo do julgamento alheio, preocupado com o que os outros vão pensar, pode indicar uma rigidez de pensamento. Essa pessoa pode não ter compreendido o verdadeiro valor e princípio por trás das regras morais e religiosas, agindo apenas por obrigação externa sem reflexão genuína sobre a importância de cada ato. Nesse momento, o Superego assume o controle, exercendo uma pressão externa e agindo como um xerife, ditando o que deve ou não ser feito. Por exemplo: "Minha família espera que eu siga essa carreira, mas não é o que realmente desejo para minha vida".

Entretanto, José não era governado nem pelos impulsos do Id, nem pela pressão externa do Superego. Isso permitiu que ele elaborasse o processo de perdão. Foi doloroso? Sim! Mas foi verdadeiro e libertador. Ele perdoou não apenas por obrigação externa imposta pelo mandamento de Deus (Superego), nem se deixou levar por impulsos inconscientes de vingança (Id). Em vez disso, demonstrou um Ego fortalecido, capaz de compreender o quão benéfico seria o ato de perdão, primeiramente para si mesmo e consequentemente para todos os seus familiares e pessoas ao seu redor.

Com efeito, o processo de perdão não é simples, muito menos fácil. Embora seja gratificante testemunhar o resultado final desse processo, não podemos romantizá-lo como se fosse algo fácil. Apenas aqueles que passaram ou estão passando por isso sabem o quão doloroso e desafiador pode ser. Não é uma jornada fácil, é um processo desafiador, porém possível. E, apesar das dificuldades, o resultado é extraordinário. Mas é importante lembrar que é, de fato, um processo.

Não se pode "padronizar" o perdão, pois cada indivíduo leva o seu próprio tempo. Aqueles que foram ofendidos ou feridos jamais esquecem, e nem mesmo é possível esquecer. No entanto, eles podem tomar a decisão de perdoar, pois somente assim poderão viver sem mágoas e sem traumas. Além disso, é possível ressignificar os fatos, como compartilhado no capítulo seis.

Nesse sentido, acredito que José já havia perdoado seus irmãos muito antes de reencontrá-los, ou pelo menos iniciado esse processo, embora a narrativa bíblica não mencione nada sobre isso.

Alguns aspectos essenciais no Processo de Perdão

1. Não é necessário que a outra pessoa aceite a sua oferta de perdão.

Não é necessário que o outro aceite seu pedido de perdão. Há situações em que o ofendido não quer conceder o perdão. Neste caso, fique em paz, pois fez sua parte. Não carregue o fardo da dificuldade em conceder perdão que pertence à outra pessoa.

2. Não espere o outro lhe pedir perdão.

Observe que na história de José seus irmãos não aparecem para pedir perdão. Isso nos ensina que, quando se trata de perdão, mesmo que seja difícil, o melhor é tomar a iniciativa. O maior perigo é esperar que o outro dê o primeiro passo. E se esse pedido de perdão nunca chegar?

3. Perdão: "Sem exigências, sem condições".

José não impõe nenhuma condição para perdoar seus irmãos. Isso é fundamental de se entender, pois muitas vezes nos deparamos com situações em que o ofendido fica esperando que o ofensor venha pedir perdão e satisfazer suas exigências.

Existe uma definição de perdão que gosto muito: *"Perdão é um ato pelo qual uma pessoa é liberada de cumprir o que era seu dever ou obrigação, que poderia ser exigido por quem o merece"*. Portanto, se houver condições impostas, não há perdão.

4. É uma decisão.

Como já mencionado, não se pode romantizar o perdão, pois não se trata de um mero sentimento, embora certamente afete as emoções. O perdão é uma virtude, assim como o amor, a esperança e a gratidão. Portanto, não é sensato esperar sentir o desejo de perdoar; é essencial tomar a decisão consciente de perdoar.

José não discutiu com seus irmãos para decidir se os perdoaria ou não; ele simplesmente tomou a decisão e agiu.

Não estou sugerindo que seja fácil, pois o perdão é um processo complexo e desafiador.

5. É um ato de amor-próprio.

O perdão é essencial, principalmente para o ofendido, pois traz benefícios pessoais inestimáveis. Em seguida, ele se manifesta na relação com a outra parte, beneficiando ambos. José conquistou essa etapa do processo e tomou essa decisão por conta própria. Quando finalmente revelou sua identidade aos seus irmãos, já estava "curado". Ao anunciar "EU SOU JOSÉ", ele mostrou que estava verdadeiramente livre. Independentemente do desdobramento da situação, ele havia se libertado de qualquer ressentimento ou amargura. Infelizmente, seus irmãos não fizeram o mesmo (falaremos mais no capítulo 10).

Isso não significa que você deva atravessar esse processo sozinho. Muitas vezes, buscar ajuda é fundamental para conseguir perdoar. Se este for o seu caso, não hesite em procurar a orientação de um profissional qualificado ou de alguém maduro e de confiança.

6. Às vezes é preciso perdoar a mesma pessoa/ofensa mais de uma vez.

Vemos o belo desfecho da história de José e, por vezes, podemos pensar que o perdão é algo que só acontece uma vez para cada ofensa que recebemos. No entanto, quando perdoamos, não significa que a dor vai desaparecer instantaneamente. Pode acontecer, como acreditamos que tenha sido o caso de José (embora quem pode garantir que ele não sofreu outras vezes por isso?). Mas muitas vezes, podemos nos encontrar sofrendo novamente por causa da mesma ofensa. Nesse caso, se necessário, é preciso perdoar novamente.

Se você se lembrar da ofensa ou encontrar novamente o ofensor e sentir aquela mágoa ou qualquer outro sentimento negativo, pode ser um sinal de que é preciso perdoar novamente. Caso contrário, ficará "refém" desses sentimentos. Se isso acontecer, ou estiver acontecendo com você, não se angustie pensando que nunca perdoou de verdade. Apenas perdoe novamente!

É importante lembrar que perdão é um processo, e perdoar novamente faz parte desse processo. Além disso, não é "obrigatório" que a relação com o ofensor seja como era antes; por vezes, isso nem é viável.

O perdão é como escalar uma montanha íngreme. Cada passo exige esforço e coragem, mas lá no topo, a visão é de clareza e liberdade. Os desafios são grandes, mas as recompensas são extraordinárias para a saúde espiritual, emocional e física.

Com o perdão, José deu início a uma história de restauração em toda sua família (é a abordagem do capítulo dez).

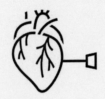

CAPÍTULO VIII

"PEDIR AJUDA É DE ALMA NOBRE, EXIGIR AJUDA É DE ALMA POBRE"

"PEDIR AJUDA NÃO É SINAL DE FRAQUEZA, MAS DE FORÇA EM RECONHECER QUE JUNTOS SOMOS MAIS CAPAZES."
(AUTOR DESCONHECIDO)

> *Peçam, e lhes será dado; busquem, e encontrarão;*
> *batam, e a porta lhes será aberta.*
> *(Mateus 7:7)*

A vida e os ensinamentos de Jesus Cristo são fontes inesgotáveis de aprendizado. O versículo em epígrafe destaca a importância da oração e da busca a Deus em primeiro lugar.

Além disso, o ato de buscar e bater pode ser aplicado em situações que exigem esforço e dedicação, um verdadeiro "ralar"; se aperfeiçoar; suar a camisa e ir à luta. Em meio ao esforço constante e à perseverança, muitas vezes nos deparamos com desafios que exigem mais do que nossas próprias forças. É nesses momentos que pedir ajuda se revela essencial, mostrando que reconhecemos nossas limitações e estamos dispostos a crescer com a colaboração e orientação dos outros.

O ser humano é incrivelmente inteligente. Além de termos a exclusividade de sermos racionais, capazes de criar, executar grandes construções e de até mesmo explorar o espaço. No entanto, essa inteligência vem acompanhada de uma peculiaridade interessante. Ao contrário de outros animais, como girafas e macacos, cujos filhotes conseguem andar ou se pendurar logo após o nascimento, os bebês humanos nascem extremamente dependentes. Eles não conseguem nem mesmo sustentar suas próprias cabeças e levam cerca de um ano para começar a andar, o que nos torna vulneráveis e dependentes uns dos outros.

A dependência é a primeira fase da vida, na qual o bebê nasce totalmente dependente de cuidados externos para alimentação e proteção. Conforme cresce, adentra a fase da independência, onde começa a exercer certa autonomia e tomar decisões sem necessitar de apoio constante. Ambas as fases são cruciais para o desenvolvimento saudável, porém problemas surgem quando há uma cristalização excessiva em qualquer uma delas. Tanto a dependência quanto a independência extrema podem ser prejudiciais ao equilíbrio emocional e ao amadurecimento adequado.

Para o ser humano, viver é com-viver. É justamente na convivência, na vida social e comunitária, que o ser humano se descobre e se realiza enquanto indivíduo. Neste momento, feliz é quem começa a perceber que a melhor forma de conviver é através da interdependência, ou seja, da conexão com o outro. Não se trata apenas de depender completamente dos outros (dependência), tampouco de acreditar que pode resolver tudo sozinho sem precisar de auxílio (independência). O ideal é cultivar a interdependência, reconhecendo que ninguém vive ou alcança seus objetivos isoladamente; afinal, ninguém é uma ilha.

Pedir ajuda quando necessário é uma demonstração de humildade e coragem. O suporte oferecido por outros fortalece e amplia as chances de superar desafios e alcançar seus objetivos.

Ao solicitarmos ajuda, reconhecemos que todos têm suas habilidades e limitações, e que, em última análise, precisamos uns dos outros. Quando se ajuda, não se é superior, e quando se é ajudado, também não significa que se é inferior. Em vez disso, destaca-se a interdependência em ação, bem como a valorização das contribuições individuais.

Existem pessoas habilidosas em oferecer ajuda, mas têm dificuldade em solicitá-la. Por outro lado, há aqueles que pedem ajuda facilmente, mas relutam em oferecer apoio. É fundamental evitar esses extremos.

Ajudar e ser ajudado são aspectos fundamentais na jornada. No entanto, é importante destacar que exigir ajuda das pessoas não é saudável. Essa atitude revela uma certa imaturidade, sugerindo que esses indivíduos ainda estão em estágios iniciais de desenvolvimento, quando seus pais eram responsáveis por suprir suas necessidades.

Por outro lado, é prejudicial pensar ser autossuficiente. É fundamental reconhecer quando precisa de ajuda e solicitar quando necessário, pois tanto dar quanto receber apoio são partes essenciais na jornada.

É verdade que estar em posição de ajudar é gratificante, mas também é fundamental aprender a receber ajuda quando necessário. Alguns afirmam ter chegado aonde chegaram ou alcançado o sucesso sozinhos, sem a ajuda de ninguém (neste caso já se esqueceram de muita coisa, pois, sozinho ninguém sobrevive). No entanto, é provável que em algum momento tenham recebido apoio, mesmo que indiretamente, apenas não se deram conta.

É importante ressaltar que a ajuda nem sempre se manifesta de forma direta. Muitas vezes, ela assume uma forma indireta, como quando alguém compartilha suas experiências e os caminhos que percorreu para alcançar o sucesso. Até mesmo aqueles que são considerados "subordinados" podem contribuir para o sucesso de alguém, através da excelência com que desempenham suas responsabilidades. Essas diversas formas de apoio são essenciais para o progresso em nossa jornada.

José também exemplifica isso! Quando estava na prisão e interpretou os sonhos do copeiro do faraó, e este seria liberto, pediu-lhe ajuda: "Quando tudo estiver indo bem com você, lembre-se de mim e seja bondoso comigo; **fale de mim ao faraó e tire-me desta prisão**" (Gênesis 40:14, grifo meu).

Em minha perspectiva, a habilidade de pedir ajuda é um sinal de humildade, no entanto torna-se prejudicial e até mesmo patológico quando se espera uma resposta que corresponda exatamente às expectativas. Em certas situações, a melhor forma de ajudar pode ser não atender às demandas de maneira direta, mas sim compartilhar valores, princípios e estratégias que possam ser úteis não apenas naquela circunstância, mas também em outras fases da jornada. Esses ensinamentos tornam-se ajudas ainda mais valiosas.

Eventualmente, alguém pode esquecer algo que foi pedido, e isso não significa necessariamente falta de interesse ou de boa vontade da pessoa. Foi exatamente o que aconteceu com o copeiro ao qual José havia pedido ajuda: "Então o chefe dos copeiros disse ao faraó: 'Hoje me lembro de minhas faltas'" (Gênesis 41:9).

O copeiro só se lembrou de José após dois anos, reconhecendo que falhou ao esquecer-se de um pedido daquele que o havia ajudado quando mais precisou. Por vezes, não ser atendido da maneira desejada não implica falta de interesse por parte do outro. Sobretudo nos dias atuais, com a sobrecarga de informações e compromissos, é fácil esquecer-se de atender a um pedido, embora não isso não seja desculpa para tal descuido.

José deve ter compreendido bem isso, pois dois anos se passaram desde que ele fez o pedido ao chefe dos copeiros. É interessante notar que, nesse período de dois anos, não há registros no texto sobre nenhuma cobrança ou questionamento ao copeiro, ele bem que poderia bancar o coitadinho, e, diga-se de passagem, este é o único momento em que ele relembra (externaliza a lembrança) do que lhe acontecera no passado: "Pois fui trazido à força da terra dos hebreus, e também aqui nada fiz para ser jogado neste calabouço" (Gênesis 40:15).

Parece evidente, pelo menos para mim, que a intenção por trás das palavras de José é justificar seu pedido. Seria no mínimo estranho, até mesmo para o copeiro, pedir ao faraó para libertar alguém condenado por crimes como roubo ou estupro (lembrando que José foi injustamente acusado de tentativa de estupro). É notável como, mesmo após tudo o que passou, José não adota uma postura de vitimismo ao apresentar sua causa.

> "Penso que pedir ajuda é uma atitude nobre, bancar de coitadinho é uma atitude pobre."

É importante ressaltar que não é aconselhável pedir ajuda indiscriminadamente ou de forma constante. Alguns indivíduos parecem estar sempre necessitando de auxílio, criando um ciclo vicioso em que *"vivem para pedir ajuda e pedem ajuda para viver"*. Além disso, há questões de foro íntimo que demandam cuidado ao serem compartilhadas. É essencial escolher a pessoa certa e o momento adequado para compartilhar informações preciosas.

Penso que o pedido de ajuda de José vai além do que está explícito aqui. Acredito que, ao perdoar seus irmãos (como compartilhado no capítulo sete), ele estava implicitamente fazendo um pedido espetacular. É como se ele estivesse dizendo: "Eu preciso de vocês, família. É verdade que estou realizado profissionalmente, financeiramente com o 'pé de meia feito', socialmente também estou bem. Mas sem vocês, me sinto incompleto, eu preciso de vocês".

Embora a Bíblia não forneça detalhes específicos, fica evidente que José não conseguiu realizar o feito de armazenar 20% de toda a safra de trigo do Egito sozinho, e tampouco vendê-los em todo o país. Vale ressaltar ainda que foi por meio do pedido de ajuda ao copeiro que ele foi libertado da prisão, um evento que "impulsionou sua decolagem".

"A jornada da vida é como uma viagem de barco: às vezes navegamos tranquilamente com a ajuda do vento, outras vezes precisamos remar juntos para superar as tempestades."

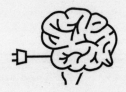

CAPÍTULO IX

HUMILDADE. UM CAMINHO EXCELENTE!

"ANTES DA SUA QUEDA O CORAÇÃO DO HOMEM SE ENVAIDECE, MAS A HUMILDADE ANTECEDE A HONRA"
Provérbios 18:12

Falar sobre humildade é relativamente simples, já que geralmente não há muitas objeções a essa nobre virtude. Afinal, ela traz consigo inúmeros benefícios. Indivíduos humildes tendem a ser mais receptivos a novas ideias, perspectivas e experiências.

Ser humilde nos possibilita abrir portas onde o orgulho as fecha; construir pontes onde o orgulho ergue muralhas; elevar o próximo enquanto o orgulho se esforça para rebaixá-lo. Além disso, a humildade é uma aliada no processo de crescimento e desenvolvimento pessoal.

O grande desafio reside em viver de forma humilde, sem, contudo, confundir humildade com subserviência. Jesus Cristo é o exemplo máximo de humildade. No conhecido Sermão da Montanha, Ele disse: "Bem-aventurados os humildes, pois eles receberão a terra por herança" (Mateus 5:5).

Em Mateus 11:29, Jesus mesmo diz que é manso e humilde de coração.

No Evangelho de João, no capítulo 13, Jesus demonstrou um gesto sublime de humildade ao lavar os pés de seus discípulos, incluindo Judas, que logo iria traí-lo.

José poderia ter se tornado um sujeito arrogante em muitas situações, mas optou pela humildade. Pois não há meio-termo, na ausência dessa virtude, a arrogância e o orgulho tendem a assumir o controle.

Após passar por uma virada traumática no final de sua adolescência, é difícil imaginar o tamanho do sofrimento causado pela escravidão. Quando discutimos a escravidão racial, por exemplo, estamos falando de uma dinâmica em que pessoas pretas eram escravizadas por pessoas brancas. Nesse contexto, havia os escravizados (pretos) e os opressores (brancos), resultando em uma dor indescritível. No caso de José, a situação é ainda mais complexa, pois embora tenha sido vendido como escravo para estranhos, foi traído por seus próprios irmãos.

Depois de cerca de nove anos de trabalho árduo, durante os quais conquistou a confiança de seu senhor, José foi traído mais uma vez. E o mais irônico é que foi traído por fazer o que era correto. Parece estranho, *mas ele foi traído por não trair*. Mesmo após ajudar o copeiro do rei e pedir sua ajuda, ele permaneceu esquecido no cárcere por cerca de dois anos.

Passar por tudo isso "ileso" considero quase impossível, muitos devem ter sido os arranhões, as feridas e as contusões antes de ele se tornar governador.

Como governador, o risco de se tornar soberbo certamente aumentou. Ele poderia se gabar e dizer: "EU SOU O CARA!". Afinal, ele nunca esteve em uma posição inferior; como escravo, ascendeu a administrador geral e, mesmo na prisão, destacou-se e foi promovido a gerente.

No entanto, após tantas superações e o sucesso em interpretar os sonhos do "presidente do Egito", algo que nenhum mago ou sábio conseguiu fazer, José poderia, nesse momento, tentar demonstrar certa superioridade. Ele poderia exibir todo o seu currículo e se apresentar como o candidato mais qualificado em toda corte. Contudo, após interpretar os sonhos e apresentar uma excelente estratégia, em um *ato de humildade*, José apenas disse:

> **Procure agora o faraó um homem criterioso e sábio** e coloque-o no comando da terra do Egito. **O faraó também deve estabelecer supervisores** para recolher um quinto da colheita do Egito durante os sete anos de fartura (Gênesis 41:33,34, grifo meu).

Com muita sabedoria e humildade, José simplesmente entregou "de bônus" uma excelente estratégia para administrar os sete anos de fartura e lidar com os sete anos de fome que viriam.

"Humildade é fazer o melhor no presente, para o máximo de pessoas possível, sem esperar nada em troca."

Ele não se recomendou para a vaga junto ao faraó. Claro que reconheço a importância de saber seu valor e perseguir seus objetivos com coragem, olhando para frente e avançando na luta, mas sempre mantendo a humildade. A palavra "humildade" tem origem grega, "humus", que significa "chão, solo, terra", o mesmo termo que deu origem às palavras "homem" e "humanidade". Isso nos lembra que, quando se trata de pessoas, é essencial entender que todos somos feitos do mesmo pó, e que *ninguém está acima ou abaixo de ninguém*. O maior desafio é ter sabedoria e discernimento para saber quando é o momento certo para demonstrar suas habilidades, e quando é hora de deixar que outros o recomendem. Nesse sentido, o apóstolo Paulo faz a seguinte afirmação: "**Pois não é aprovado quem a si mesmo se recomenda**, mas aquele a quem o Senhor recomenda" (2 Coríntios 10:18, grifo meu).

A afirmação é categórica, mas a aplicação é sucinta. Pois não se trata de deixar de destacar suas qualidades quando estiver concorrendo a uma vaga, nem de apresentar seu currículo quando oportuno. O ponto fundamental aqui é não se comportar como se fosse a última "bolacha do pacote", como se fosse superior aos demais, o único que sabe e tem mais qualidades do que todos os outros. Note que José não se sentiu "o dono da verdade", embora tenha tido uma brilhante ideia e soubesse de suas qualidades.

Eu suspeito que, naquele momento, seu coração estivesse acelerado, suas mãos tremendo e o suor frio escorrendo. Talvez estivesse pensando: "Tenho que me segurar aqui, conseguir uma boquinha neste palácio. Não posso desperdiçar essa chance e acabar de volta àquela prisão". Nesse sentido, suas preocupações seriam compreensíveis. Todavia, ele apenas fez o que precisava ser feito no momento. Quando digo "fazer o que precisa ser feito", não estou sugerindo agir a qualquer custo. Pois, antes de tudo, vêm a ética, a moral e os valores que devem ser respeitados.

Foi agindo dessa forma que ele demonstrou seu *maior valor*. Em vez de fazer promessas vazias para ser aceito, ele simplesmente compartilhou uma grande ideia, que por si só já demonstrava muito sobre sua capacidade. É importante notar que, antes de interpretar os sonhos do faraó, ele exibiu humildade e confiança, não em si mesmo, mas em Deus: "Respondeu-lhe José: 'Isso não depende de mim, mas **Deus** dará ao faraó uma resposta favorável'" (Gênesis 41:16, grifo meu).

Há pessoas que, em um momento como esse, seriam capazes de fazer promessas que jamais poderiam cumprir. Confiança sim, mas prepotência não!

A verdadeira humildade brota num coração de quem reconhece que é frágil (pó), e que Deus é TUDO (eterno).

Com a orientação de Deus, José interpretou os sonhos do faraó, ofereceu uma excelente estratégia e apenas aguardou o resultado.

Nove anos depois, cerca de vinte e dois anos após ter sido separado de seus irmãos de forma covarde, ao reencontrá-los de forma surpreendente (abordarei mais sobre isso no capítulo onze) e se revelar a eles, sua humildade fez toda diferença, se não fosse ela, possivelmente ele teria alcançado o apogeu da arrogância e dito algo mais ou menos assim: "EU SOU O GOVERNADOR DO EGITO!" "RESPEITEM A FARDA!" "VOCÊS SABEM COM QUEM ESTÃO FALANDO?"

Ou então, poderia ter se referido a si mesmo como Zafenate-Paneia, cujo significado é preservador da vida (o faraó mudou o nome dele, prática comum naquela cultura). Contudo, com humildade surpreendente, ele simplesmente disse: "Eu sou José!" (deixando-os pasmos), provavelmente os fazendo pensar: *"Deu ruim para nós! - A casa caiu!"*

Ele reiterou com firmeza: "Sim, eu sou José." Em seguida, questionou: "Meu pai, Jacó, ainda está vivo?" Oi, eu sou José, irmão de Benjamim, Rúben, Judá, Simeão...

Eu considero esses fatos uma verdadeira aula de humildade, na qual me sento na primeira fila com o desejo ardente de aprender um pouco mais. Que coisa simplesmente linda: Primeiro ele diz quem ele era (Eu sou José, seu irmão), e somente depois menciona sobre o cargo que ocupava.

Essa atitude discretamente humilde, me permite supor que ele já introjetava aquilo que mais tarde Carl Jung, médico psiquiatra suíço do século XX e pai da psicologia analítica, resumiu em uma bela frase: *"Conheça todas as teorias, domine todas as técnicas, mas, ao tocar uma alma humana, seja apenas outra alma humana"* (Carl Gustav Jung).

É notório que, num primeiro momento, essa frase foi direcionada a terapeutas e profissionais das ciências humanas. No entanto, podemos estendê-la para todos os lugares. Ou seja, é importante conhecer bastante sobre como ser um bom pai, mãe, filho, irmão, atleta, juiz, advogado, engenheiro, gerente, médico, psicólogo, pastor, governador... Todavia, "diante de um humano, seja apenas outro humano".

Isso é compreender que o papel que ocupamos temporariamente não define quem somos integralmente.

"Assim como a chuva suave nutre a terra, a humildade fertiliza o bom senso e a prudência."

Humildade é a virtude para desenvolver o bom senso e a prudência. Uma pessoa humilde não tem medo de perguntar, tirar dúvidas ou pedir ajuda. Essa atitude não apenas promove a maturidade, mas também contribui para aprimorar o discernimento e a cautela.

Um exemplo claro disso é a maneira como José lidou com a chegada de sua família ao Egito, demonstrando grande sensatez e sabedoria ao apresentar a situação ao faraó:

> Então José disse aos seus irmãos e a toda família de seu pai: "Vou partir e informar ao faraó que os meus irmãos e toda a família de meu pai, que viviam em Canaã, vieram para cá.
>
> Direi que os homens são pastores, cuidam de rebanhos, e trouxeram consigo suas ovelhas, seus bois e tudo quanto lhes pertence.
>
> **Quando o faraó mandar chamá-los e perguntar: 'Em que vocês trabalham?', respondam-lhe assim: 'Teus servos criam rebanhos desde pequenos**, como o fizeram nossos antepassados'. Assim lhes será permitido habitar na região de Gósen, pois todos os pastores são desprezados pelos egípcios" (Gênesis 46:31-34, grifo meu).

Não parece um tanto estranho esse pedido de José? Ele instruiu seus irmãos a dizerem ao faraó que eram pastores, embora já o fossem. Por que essa preocupação? José estava com medo do faraó?

Penso que não. Ele agiu com bom senso e prudência. Ao destacar a profissão de seus irmãos, José evitou possíveis preconceitos ou mal-entendidos por parte do faraó. Essa estratégia mostrou a sensatez e a cautela de José, garantindo uma apresentação mais favorável diante do governante.

Agindo com bom senso, José preferiu considerar o valor de uma boa comunicação. Muitas vezes, por falta de bom senso, presumimos que os outros virão falar conosco ou que já sabem o que consideramos básico, agindo da mesma forma que nós. José antecipou possíveis equívocos e garantiu que seus irmãos não dissessem nenhuma bobagem ao faraó.

Ele percebeu que inteligência emocional não era o ponto forte deles (falarei mais sobre isso no capítulo onze). Além de que, estar diante do *faraó* certamente não é algo que deixe ninguém emocionalmente confortável.

Nesse sentido, José considerou importante deixar claro para o faraó que a migração de sua família de Canaã para o Egito não significava que eles estavam lá para competir no mercado egípcio, e nem para ficar só na "sombra e água fresca". Pois eles eram profissionais, pastores, e trouxeram suas empresas (ovelhas, bois e tudo que lhes pertencia).

José agiu com bom senso, discernimento e perspicácia. Ele compreendia que os egípcios não consideravam a profissão de pastor digna de respeito. Assim, ele observou uma excelente oportunidade para sua família trabalhar com tranquilidade e prosperar nessa atividade. Veja o que o faraó disse: "E se você vir que alguns deles são competentes, coloque-os como responsáveis por meu rebanho" (Gênesis 47:6b).

Admiro profundamente o que o sábio expressa em Provérbios 8:12: "Eu, a sabedoria, moro com a prudência, e tenho o conhecimento que vem do bom senso."

Tenho plena convicção de que *"saber que não sabe tudo, que outro sabe o que me falta, que eu preciso do outro e o outro precisa de mim, e que ninguém é superior a ninguém"* são verdades fundamentais para que possa prosseguir amadurecendo, e no percurso ir adquirindo bom senso, prudência e humildade.

Assim como o alicerce sólido sustenta as paredes de uma casa, o bom senso é essencial para orientar as escolhas e ações na vida. Por sua vez, a humildade é como a porta que nos conecta ao mundo, permitindo-nos assim, entrar com prudência e sair com sabedoria.

CAPÍTULO X

"CONSTRUIR PONTES: A ARTE DE UNIR E SUPERAR BARREIRAS"

"SER UMA PESSOA-PONTE É DESVENDAR OS MISTÉRIOS DO AMOR E DA COMPAIXÃO, CONSTRUINDO CAMINHOS DE UNIÃO EM UM MUNDO DIVIDIDO."
(Autor desconhecido)

> *Esta é a história da família de Jacó:*
> *Quando José tinha dezessete anos...*
> *(Gênesis 37:2a)*

O verso mencionado foi escrito aproximadamente 400 anos após a história de José. Contudo, o autor de *Gênesis*, Moisés, demonstrou perspicácia ao reconhecer que foi por meio de José que uma "ponte" foi construída para a redenção de toda a sua família.

Construir pontes é uma prática sempre vantajosa e de inestimável valor, pois representam não apenas uma conexão física, mas também um elo entre épocas e culturas. Elas vencem obstáculos naturais, como rios, desfiladeiros e mares, unindo não só terras, mas também corações e mentes, transcendendo fronteiras geográficas e políticas. Além disso, as pontes podem ser verdadeiras obras de arte, seja em madeira, ferro ou concreto, demonstrando a engenhosidade e a habilidade da mente humana.

Além das pontes físicas, há também as "pontes entre pessoas", fundamentais para fortalecer as relações humanas. Essas pontes são construídas com os alicerces sólidos de empatia, respeito, amor, esperança e amizade. Elas transcendem barreiras emocionais e culturais, promovendo a compreensão e o apoio mútuo, criando laços que perduram além das adversidades e enriquecem a jornada humana.

Considero este versículo como o ponto de partida para essa história extraordinária, pois começa com as palavras: "Esta é a história da família de Jacó" (pai de José). No entanto, de maneira surpreendente, a narrativa migra para a história de José, revelando seu papel fundamental como ponto de virada na história familiar.

Você já parou para refletir sobre a singularidade desse detalhe? A história de José emerge como a "ponte", a conexão essencial, o elo que conduz à restauração de toda a família de Jacó, o patriarca.

É importante destacar que, embora seja fundamental ser canal de bênçãos na vida de outros, contribuindo de maneira significativa em diversas áreas, como no trabalho, na comunidade, nas relações interpessoais e em casa, é importante lembrar que "Ninguém tem o 'poder' de mudar ninguém".

Nesse sentido, o essencial é observar o próprio amadurecimento no processo, aprender com as experiências vividas, explorar uma gama de sentimentos e progredir como indivíduo na sociedade. Isso pode significar tornar-se um cônjuge, pai, mãe, filho, irmão, amigo ou profissional melhor, gerando amadurecimento e realização na jornada.

José foi um grande canal de bênção para toda sua família, ou melhor, para o mundo de sua época. Jacó, pai de José, havia ficado inconsolável ao saber que o filho "fora despedaçado por um animal selvagem" (essa foi a mentira contada pelos irmãos dele quando o venderam como escravo): "Todos os seus filhos e filhas vieram consolá-lo, mas ele recusou ser consolado, dizendo: 'Não! Chorando descerei à sepultura para junto de meu filho'. E continuou a chorar por ele (Gênesis 37:35).

Cerca de vinte e dois anos depois, ele ainda demonstra que a "perda de José" ainda está sangrando, e é por isso que ele manifesta tamanha angústia: "E disse-lhes seu pai Jacó: 'Vocês estão tirando meus filhos de mim! Já fiquei sem José, agora sem Simeão e ainda querem levar Benjamim. Tudo está contra mim!'" (Gênesis 42:36).

Porém, quando recebeu a notícia do "extraordinário milagre de que José ainda estava vivo", seu coração ressurgiu das cinzas como a fênix, renovado e reavivado pelo fogo da esperança: "Mas, quando lhe relataram tudo o que José lhes dissera, e vendo Jacó, seu pai, as carruagens que José enviara para buscá-lo, **seu espírito reviveu**" (Gênesis 45:27, grifo meu).

É lamentável, porém, há pessoas que parecem estar como *"the walking dead"*, meros "mortos-vivos". Esse era o estado de

Jacó, mas, ao receber a notícia de que seu filho estava vivo, seu espírito reviveu.

Quanto aos seus irmãos, eles viviam como se houvesse um "fantasma os assombrando" a cada esquina. Sempre que algo negativo acontecia, lá estava o "fantasma" para assombrá-los. Isso geralmente acontece com pessoas que têm dificuldades em praticar o autoperdão e não aprenderam a ressignificar fatos passados, pois veja:

> Eles se prontificaram a fazer isso e disseram uns aos outros: "**Certamente estamos sendo punidos pelo que fizemos a nosso irmão**. Vimos como ele estava angustiado, quando nos implorava por sua vida, mas não lhe demos ouvidos; por isso nos sobreveio esta angústia" (Gênesis 42:21, grifo meu).

É razoável supor que os irmãos de José nunca se arrependeram verdadeiramente, e, consequentemente, nunca se perdoaram pelo mal que fizeram, pois, nesse caso, o arrependimento e o autoperdão andam de mãos dadas. Quando se permite que a maldade se aloje no coração, gradualmente se afastam as pessoas ao redor, muitas vezes sem perceber, mergulhando-se em uma espiral de maldade, onde cada ato malévolo serve apenas para encobrir o anterior. Isso fica evidente na atitude deles em relação a José logo após tê-lo vendido como escravo: "Então eles mataram um bode, mergulharam no sangue a túnica de José e a mandaram ao pai com este recado: '**Achamos isto. Veja se é a túnica de teu filho**'" (Gênesis 37:31,32, grifo meu).

Não seria um tanto questionável essa expressão? "Túnica de seu filho"? Não seria mais apropriado dizer "a túnica de José", carregando consigo a ideia de "nosso irmão e seu filho"?

Para aqueles familiarizados com os textos bíblicos, parece ecoar o mesmo sentimento de ódio que o irmão mais velho da famosa parábola do filho pródigo nutria por seu irmão mais novo:

"Mas quando volta para casa **esse seu filho**, que esbanjou os teus bens com as prostitutas, matas o novilho gordo para ele!" (Lucas 15:30, grifo meu).

Essa fala parece que vem carregada de desprezo e ódio, como se fosse dito com desdém: "esse seu filho". Quando permitimos que o ódio habite em nossos corações, essa maldade se torna uma companheira inseparável, acompanhando-nos até mesmo diante do bem recebido por outros. Os irmãos de José receberam perdão e reconciliação dele (José poderia perdoar sem, no entanto, reatar o relacionamento), mas infelizmente nunca desfrutaram plenamente desse perdão. Não foi por causa de José, mas por causa deles mesmos; não se perdoaram e também não se arrependeram verdadeiramente de suas falhas.

Assim que o pai morreu, eles demonstraram essa deficiência ao mentir para José em nome do pai e até mesmo em nome de Deus:

> Então mandaram um recado a José, dizendo: "Antes de morrer, teu pai nos ordenou que te disséssemos o seguinte: 'Peço-lhe que perdoe os erros e pecados de seus irmãos que o trataram com tanta maldade!' Agora, pois, perdoa os pecados dos servos do Deus do teu pai". Quando recebeu o recado, José chorou (Gênesis 50:16,17).

Que triste! Apesar de todos os esforços de José em relação aos seus irmãos, não houve mudança no coração nem nas atitudes deles. Como já mencionado, não podemos mudar ninguém além de nós mesmos.

Contudo, essa linda história não termina com esse aspecto negativo. Pelo contrário, quero enfatizar que, por meio de José, toda a família de Jacó foi restaurada. Não como uma família perfeita, nem como os finais românticos dos filmes, mas simplesmente como família.

Seja em Canaã, na casa do pai, seja como escravo nas mãos dos midianitas ou na casa de Potifar, recluso numa prisão ou como autoridade governamental... Em primeira e última instância, a vida de José estava totalmente nas mãos de Deus!

E você? Caro leitor, nas mãos de quem está sua vida?

E mais, por meio de José, eles foram nutridos fisicamente, emocionalmente e espiritualmente. José, em vez de ser um muro, foi uma ponte para esse grandioso reencontro, permitindo que a jornada da reconciliação fluísse como águas sob uma sólida e acolhedora ponte.

E quanto a você? Amigo-irmão, que tal ser a ponte que une corações na família e na sociedade, construindo laços de compreensão, empatia e amor?

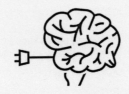

CAPÍTULO XI

ALÉM DA INTELIGÊNCIA EMOCIONAL, TALENTOS E ESFORÇOS: CULTIVANDO O FRUTO DO ESPÍRITO NA JORNADA

"NA JORNADA DA VIDA, A INTELIGÊNCIA EMOCIONAL É O LEME QUE NOS CONDUZ, ENQUANTO A PRESENÇA DE DEUS É A ÂNCORA QUE NOS MANTÉM FIRMES ENTRE AS TEMPESTADES E A VERDADEIRA PAZ"

Quantos de nós nunca se machucaram, ou machucaram alguém, por dizer algo que não deveria, na hora errada e no momento inoportuno? Ou pior, quando era importante expressarmo-nos, mas o fizemos de maneira inadequada, causando acidentes ou até catástrofes.

Infelizmente, é comum encontrar pessoas que, apesar de terem construído projetos cuidadosamente elaborados e bem estruturados para suas famílias, negócios ou ministérios, acabam por jogar tudo fora devido a uma reação impulsiva em momentos em que estão sob forte tensão.

Nos momentos de grande tensão, é comum que até mesmo pessoas boas tomem decisões ruins. Líderes, empreendedores e profissionais de destaque podem, em meio à pressão, agir impulsivamente, como diz o ditado, "chutar o pau da barraca". Atletas com talento excepcional podem comprometer suas carreiras em momentos de tensão. Empregados podem pedir demissão impulsivamente e depois se arrepender. Casais que tinham tudo para dar certo podem tomar as piores decisões e se separar.

Algumas características singulares também influenciam as pessoas a tomarem determinadas atitudes em momentos de tensão, como os diferentes tipos de temperamento, o próprio caráter, a personalidade e a história de vida. Todos esses aspectos são importantes a considerar, pois são características individuais que nos distinguem uns dos outros e nos enriquecem na vida em comunidade.

O que realmente faz a diferença é a interação desses aspectos e a forma como lidamos com eles. Esse é o fator que distingue aqueles que estão desenvolvendo inteligência emocional daqueles que estão estagnados nessa área.

O termo "Inteligência Emocional" foi cunhado pelos psicólogos Salovey e Mayer na década de 90, com a seguinte definição: *"Inteligência emocional é a capacidade de perceber e expressar emo-*

ções, *assimilá-las ao pensamento, compreender e raciocinar com elas, e saber regulá-las em si próprio e nos outros".*

Quem popularizou o termo em 1995, tornando-se um dos maiores especialistas no assunto, foi Daniel Goleman. Sua definição é: *"A inteligência emocional é a capacidade de uma pessoa gerenciar seus sentimentos, de modo que eles sejam expressos de maneira apropriada e eficaz".*

A inteligência emocional é fundamental para desenvolver comportamentos adequados, pois envolve saber quando, como e por que agir e se expressar. Ela melhora significativamente as relações pessoais e profissionais, ampliando a percepção dos acontecimentos e contribuindo para uma melhor qualidade de vida.

Compartilho da ideia de que esta temática poderia ser incorporada às grades curriculares das escolas desde o início da educação. Embora muito seja ensinado sobre alcançar o sucesso, competir e se destacar, é lamentável que se dedique tão pouco espaço ao desenvolvimento da inteligência emocional. Aprender a gerir as emoções, cultivar a empatia e promover uma convivência mais humana consigo mesmo e com os outros são habilidades essenciais para a vida, que merecem ser ensinadas e valorizadas desde cedo.

Segundo Goleman, a inteligência emocional abrange doze competências, das quais destaco as principais no âmbito pessoal: autoconsciência emocional, autocontrole emocional, adaptabilidade, orientação para objetivos, visão positiva e empatia.

Ao considerar essas competências, acredito firmemente que a inteligência emocional, aliada à expertise em uma determinada área, contribui significativamente para nos tornarmos pessoas mais adaptadas, melhores profissionais, empreendedores, líderes ou diretores em diversos setores.

Entretanto, não é incomum encontrar pessoas que, mesmo desenvolvendo uma boa inteligência emocional, ainda carecem de algumas características essenciais, às quais o apóstolo Paulo chamou de fruto do Espírito: amor e paz.

Mas o fruto do Espírito é amor, alegria, paz, paciência, amabilidade, bondade, fidelidade, mansidão e domínio próprio. Contra essas coisas não há lei (Gálatas 5:22,23).

Na minha visão, a inteligência emocional, combinada com conhecimento específico, tem o poder de impulsionar significativamente tanto a jornada pessoal quanto a profissional. No entanto, são apenas o fruto do amor e da paz que têm o potencial de elevar verdadeiramente o ser humano.

Permita-me explicar de outra maneira: a inteligência emocional pode proporcionar autoconsciência e autocontrole emocional, o que por si só é muito benéfico. Isso significa que o indivíduo tem consciência de suas emoções e sabe lidar com elas, buscando o melhor para si e promovendo o melhor nos outros. No entanto, e quanto aos desejos intrínsecos de poder, ganância e obsessões? Nesse caso, a inteligência emocional pode acabar servindo a essas tendências negativas, cujo único antídoto que conheço é o *amor*.

Ocasionalmente, me deparo com algumas pessoas que, após participarem de imersões motivacionais, saem determinadas a mudar suas histórias, virar a página e tornarem-se grandes vencedores. Até aqui, tudo parece promissor. No entanto, há uma lacuna fundamental que muitas vezes é ignorada: *o conhecimento específico*. Ensina-se que a inteligência emocional é tudo, mas, infelizmente, isso não é verdade. Por exemplo, já ouvi grandes influenciadores afirmarem que "dinheiro é emocional", implicando que desenvolver inteligência emocional levará automaticamente à riqueza. Isso é um equívoco. Embora a inteligência emocional seja fundamental, a outra parte essencial é o desenvolvimento da inteligência financeira, ou seja, o conhecimento específico nessa área. O grande erro é que muitas pessoas saem dessas imersões cheias de estímulos emocionais, sem entender que, para alcançar o crescimento exponencial prometido, precisarão também do conhecimento específico.

Se eu pudesse equacionar essa questão de forma simples, ficaria assim:

- Apenas Inteligência Emocional = Capacidade de adaptação a desafios emocionais.

- Inteligência Emocional + Conhecimento específico = Base sólida para crescimento pessoal e profissional.

- Inteligência Emocional + Conhecimento específico + Amor = *Transformação completa como ser humano.*

A impressão que tenho é que algumas pessoas dividem a vida em "setores", priorizando primeiro o sucesso profissional, onde a inteligência emocional muitas vezes é vista apenas como uma escada para alcançar mais. Depois, vêm todos os outros aspectos da vida.

Não vou ser hipócrita, reconheço a importância desse primeiro setor, mas não podemos abrir mão do essencial. O sucesso profissional é fundamental, mas o essencial são o amor, a bondade, a fé e a paz – aquelas coisas que o sucesso e o dinheiro não podem comprar.

Nesse sentido, aprecio a explicação do filósofo Mário Sérgio Cortella para distinguir o essencial do fundamental:

> Há uma diferença entre o fundamental e o essencial.
>
> O essencial é aquilo que não pode não ter. Amizade, lealdade, amor, sexualidade, fraternidade, espiritualidade... O que é fundamental? É aquilo que dá fundamento para se chegar ao essencial. Dinheiro, por exemplo, não é essencial. É fundamental. Não tê-lo é complicado. Mas tê-lo, em si, não basta. Carreira é fundamental. Mas de nada adianta chegar ao topo se você não consegue amizade, fraternidade... O fundamental é apenas a escada. Todas as vezes

em que o fundamental te ocupa mais do que o essencial, você se complicou.

Fundamental é igual a uma escada – leva para o essencial. Sem ela fica mais difícil. Mas não fiquemos em cima da escada (Mario Sergio Cortella).

Na minha perspectiva, acredito firmemente na importância de ambos: a inteligência emocional é fundamental, assim como o conhecimento específico. No entanto, o fruto do Espírito é essencial para além dessas duas áreas.

Voltando à vida de José, ocorreu o inesperado reencontro dele com seus irmãos. Esse tipo de situação normalmente mexe com as emoções de qualquer pessoa. Considerando que não houve comunicação entre eles durante vinte e dois anos e que o pai já não tinha esperança de reencontrá-lo, pensando que o filho estava morto, é sensato presumir que as emoções estivessem à flor da pele. Em uma situação como essa, um baixo nível de inteligência emocional pode levar a decisões precipitadas e possivelmente ruins.

O reencontro foi inusitado, impactante e desnorteador, um momento em que as emoções naturalmente se exacerbam. Surpreendentemente, José não se precipitou. Diante da dúvida sobre qual seria a melhor atitude, ele não revelou sua identidade e não se apressou em tomar decisões definitivas. Isso sim é uma característica das pessoas com alto nível de inteligência emocional: a capacidade de não tomar decisões definitivas em momentos de tensão.

O texto indica que ele esperou três dias. É fácil entender o motivo desse período de tensão, considerando os seguintes pontos: ele reconheceu seus irmãos, mas não revelou sua identidade; falou asperamente com eles e os acusou de serem espiões, mantendo-os presos por três dias. Isso mostra o quanto ele estava impactado e sob forte tensão com esse reencontro. Além disso, no auge dessas emoções, ele descobre que seu pai e seu irmão caçula, o único por parte de pai e mãe, estavam vivos em Canaã.

Mesmo diante disso, ele não agiu precipitadamente. É razoável pensar que, nesses três dias, inúmeros e desconhecidos pensamentos "aterrissaram de forma abrupta em sua mente", pois ninguém consegue controlar os pensamentos; o desafio está em geri-los e, sobretudo, nutrir os que são saudáveis. A situação me faz pensar que ele ficou tão tenso que a "melhor saída" que encontrou foi elaborar uma estratégia momentânea: manteve um de seus irmãos, Simeão, preso perto dele, permitindo que os demais retornassem a Canaã, levando alimento para a família, e posteriormente retornassem trazendo seu irmão caçula.

Nisso, passaram-se alguns meses até retornarem ao Egito (conforme compartilhado no capítulo quatro). Quando chegaram, José, por intermédio dos administradores, os convidou para almoçarem em sua casa. Até aquele momento, ele ainda não havia se revelado. Mas, quando os reencontrou durante o almoço e viu seu irmão caçula, Benjamin, José ficou profundamente emocionado, a ponto de precisar sair e ir para seu quarto chorar: "**Profundamente emocionado** por causa de seu irmão, José apressou-se em sair à procura de um lugar para chorar, e entrando em **seu quarto, chorou**" (Gênesis 43:30, grifo meu).

Mesmo em meio à intensa pressão, ele formulou um plano para manter seu irmão Benjamim com ele. Veja o que ele comunicou ao seu administrador: "'Depois **coloque a minha taça, a taça de prata, na boca da bagagem do caçula**, juntamente com a prata paga pelo trigo'. E ele fez tudo conforme as ordens de José" (Gênesis 44:2, grifo meu).

Pode até parecer que não foi a melhor das ideias, mas, lembre-se, ele estava sob fortíssima tensão, talvez com seu ego gritando algo do tipo: "Torture-os; mate-os; venda-os como escravos". Considerando este momento para lá de desafiador, foi um grande plano deixar os irmãos irem embora e ficar com o caçula, que era o único que não estava envolvido naquela trama maligna.

Observe o contraste: quando seus irmãos estavam sob tensão, agiam precipitadamente. Veja o que eles dizem quando confrontados pelo administrador da casa de José sobre a suposta "taça roubada": "**Se algum dos seus servos for encontrado com ela, morrerá**; e nós, os demais, seremos escravos do meu senhor" (Gênesis 44:9, grifo meu).

Percebem o tamanho da precipitação? Não consideraram a possibilidade de um engano ou outras variáveis que não estavam sob seu controle. Impensadamente, no "calor das emoções, disseram: Quem for encontrado com a taça morrerá".

Judá, um dos irmãos, assaltado pela culpa do passado, afirmou: "Isso é a mão de Deus", sugerindo que todos se tornariam escravos.

> Respondeu Judá: "O que diremos a meu senhor? Que podemos falar? Como podemos provar nossa inocência? Deus trouxe à luz a culpa dos teus servos. Agora somos escravos do meu senhor, como também aquele que foi encontrado com a taça" (Gênesis 44:16).

Olhemos outra vez para José: seus irmãos retornaram e ele pretende "finalizar o assunto", mantendo consigo no Egito somente o irmão Benjamim: "Disse, porém, José: 'Longe de mim fazer tal coisa! Somente aquele que foi encontrado com a taça será meu escravo. Os demais podem voltar em paz para a casa do seu pai'" (Gênesis 44:17).

Ainda não acabou; veja que interessante. Inesperadamente, José "leva uma invertida" de Judá. Este se dirige a ele com respeito e diz que se retornassem a Canaã sem seu irmão Benjamim, isso "acabaria de matar" seu pai:

> Teu servo, meu pai, nos disse então: "Vocês sabem que minha mulher me deu apenas dois

filhos. Um deles se foi, e eu disse: Com certeza foi despedaçado. E até hoje, nunca mais o vi. Se agora vocês também levarem este de mim, e algum mal lhe acontecer, a tristeza que me causarão fará com que os meus cabelos brancos desçam à sepultura" (Gênesis 44:27-29).

Que surpresa, essa sim "desestabilizou" José. Involuntariamente Judá informou-o de que seu pai pensava que ele havia sido despedaçado (José não sabia disso), e acrescentou que, se ele ficasse com Benjamim, iria aumentar o sofrimento do pai.

A essa altura, as emoções de José foram tão intensas que ele não podia conter-se: "Taquicardia; mãos suando e trêmulas; estômago frio; olhos dilatados e reações de lutar ou fugir" foram ao extremo. Inclusive, ele *gritou*: "A essa altura, **José já não podia mais conter-se** diante de todos os que ali estavam, **e gritou:** 'Façam sair a todos!' Assim, ninguém mais estava presente quando José se revelou a seus irmãos" (Gênesis 45:1, grifo meu).

Ninguém controla as emoções; elas chegam e nos "assaltam". Diante disso, faça uma pausa, respire profundamente. É essencial se recompor para, então, com lucidez e autocontrole, poder tomar as melhores decisões.

Diante dessas circunstâncias, José demonstrou ser um indivíduo muito acima da média, superando até mesmo a inteligência emocional que já havia evidenciado. Neste momento, ele revela amor e misericórdia, permitindo a reconciliação de todos. O perdão, creio eu, já havia sido concedido. Vale ressaltar que o perdão nem sempre implica reconciliação. Enquanto a inteligência emocional é fundamental para evitar decisões precipitadas, apenas o amor pode proporcionar uma restauração tão profunda como essa. É algo espantosamente lindo!

Outro exemplo: Não há menção na Bíblia se o pai de José (Jacó), após se estabelecer no Egito, ficou sabendo da trama maligna envolvendo dez de seus filhos. Portanto, o máximo que podemos fazer é especular sobre isso.

Será que José compartilhou essa maldade com seu pai? Será que seus irmãos confessaram?

Não há confirmação para essas perguntas, mas, com base no que já foi relatado sobre José, posso sugerir algumas possibilidades:

Os irmãos de José não revelaram, pois mesmo após a morte do pai, continuavam inventando mentiras – veja Gênesis 50:15-17.

Supondo que José também tenha mantido silêncio, isso não significaria necessariamente apoiar as mentiras. Ele poderia ter optado por não divulgar a trama maligna de seus irmãos, pois não estava envolvido. Além disso, considerando sua inteligência emocional desenvolvida, como autoconhecimento, autocontrole e empatia, bem como as virtudes de amor, bondade e paz, é plausível que tenha escolhido não revelar a verdade.

Os textos revelam o quanto a vida de Jacó foi marcada por sofrimento. Considerando isso, José pode ter optado por poupar a saúde emocional do pai. Talvez ele tenha refletido sobre o impacto de revelar a trama maligna praticada por dez de seus filhos. Afinal, após experimentar a extraordinária alegria de reencontrar seu filho dado como morto, como Jacó reagiria ao saber dessa terrível verdade? Será que essa revelação seria uma boa notícia para ele? Penso que não!

A essa altura, José também já era pai e compreendia perfeitamente o impacto emocional que essa revelação poderia causar no coração de seu pai. Nesse cenário, Jacó teria "recebido um filho de volta e perderia dez". É evidente que, se José compartilhasse essa verdade, Jacó experimentaria uma profunda alegria seguida de uma dor imensurável, uma montanha-russa de emoções que poderia ser difícil de suportar.

Considerando essas hipóteses, José estaria demonstrando sua inteligência emocional ao exercer *autocontrole*, que é justamente não falar ou agir por impulso quanto àquilo que vem à mente ou dá vontade de fazer, pois nem tudo que se deseja deve ser feito ou dito. Ele também revela *autoconhecimento*, sabendo quem era e o que significava para seu pai, o que já era mais do que suficiente para não precisar se lamentar perante ele, como, por exemplo: "Olha, papai, o que eles fizeram comigo".

Além disso, ele demonstra *empatia* ao se colocar no lugar do pai e dos próprios irmãos, reconhecendo que revelar a verdade só traria mais sofrimento, perda e infelicidade após terem vivido um extraordinário milagre. Acima de tudo, José demonstra que em seu interior *habitam o fruto do Espírito*: amor e paz. **Tendo o fruto do Espírito como âncora, a inteligência emocional como leme e o conhecimento específico como bússola, navegamos pelos mares da existência, guiando-nos com sabedoria, amando a Deus e ao próximo.**

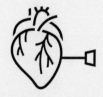

CAPÍTULO XII
"CONEXÕES INSEPARÁVEIS: O IMPACTO VITAL DA SAÚDE EMOCIONAL NA SAÚDE FÍSICA"

"COMO DOIS PILARES ROBUSTOS SUSTENTANDO UMA ESTRUTURA SÓLIDA, A SAÚDE FÍSICA E MENTAL SE ENTRELAÇAM COMO PARTE ESSENCIAL NA JORNADA"

Tenho a impressão de que compreender a importância dos cuidados físicos (análise Bio) é um tema desafiador nesta obra. Poderia ser o mais fácil por não ter muito o que falar na questão estritamente física. Todavia, reconheço que cuidar da saúde física de maneira diligente e disciplinada não é tão simples quanto parece. Além disso, as emoções podem influenciar a disciplina nos cuidados físicos, afetando a motivação, a consistência e a adesão a hábitos saudáveis. Estresse, ansiedade e outros estados emocionais podem prejudicar a capacidade de manter uma rotina de cuidados físicos, levando à indisciplina.

Os cuidados físico e emocional estão interligados: A saúde física e emocional são como asas de um pássaro. Ambas são essenciais para que ele voe alto e livre. Se uma delas estiver danificada ou negligenciada, o voo será afetado. Portanto, é necessário cuidar igualmente das duas para alcançar o pleno bem-estar e a liberdade de voar na vida.

Quanto às questões estritamente físicas, é uma das áreas da vida de José sobre a qual não podemos fazer muitas afirmações. Ainda assim, alguns detalhes pertinentes podem ser destacados: "José era atraente e de boa aparência" (Gênesis 39:6c).

É razoável inferir que esse pode ter sido um dos motivos pelo qual a mulher de Potifar tenha se interessado por ele. Além disso, é aceitável supor que José também possuía bom vigor físico, pois esses eram critérios primordiais antes de adquirir um escravo naquela época.

Podemos inferir brevemente sobre sua disposição: no trabalho na casa de Potifar, na prisão e como governador, ele não demonstrou falta de disposição para trabalhar. Contudo, faço aqui uma ressalva: há pessoas cuja saúde física não é das melhores e, mesmo assim, não lhes faltam disposição para trabalhar, bem como ter disposição para trabalhar não é por si só uma questão de saúde.

Agora, é relevante considerar a enorme discrepância entre o estilo de vida de cerca de 4 mil anos atrás e o modo como vivemos hoje em dia. Por exemplo, estima-se que de Hebrom até Siquém são aproximadamente 50 quilômetros, e mais 35 quilômetros até Dotã, o percurso que José realizou para encontrar seus irmãos a pedido do pai. Mesmo nas melhores circunstâncias, caso ele tenha viajado de camelo, ainda estaríamos falando de cerca de 85 quilômetros. E é importante recordar que naquela época não havia energia elétrica, água encanada, fogão a gás, controle remoto ou assistentes virtuais como a Alexa, tornando o caminhar, subir e descer as únicas opções. Nesse contexto, é fácil perceber que a "vida analógica de José era consideravelmente diferente da vida digital" que levamos hoje em dia.

Além disso, José dedicou grande parte de sua jornada ao trabalho como escravo.

Quando se trata de saúde física, esse é o ponto inicial. Na ausência de uma rotina que demande a queima de calorias, como na época de José, a prática de atividades físicas surge como a única opção viável. Exceto para aqueles poucos que ainda mantêm uma rotina de levantar cedo, pescar, caçar, cultivar a terra, preparar alimentos de forma artesanal e transportar água... Nesses casos, o exercício físico já está incorporado ao cotidiano.

Embora não seja especialista em assuntos estritamente físicos, gostaria de destacar a importância de alguns cuidados básicos. Manter-se hidratado, ingerindo água regularmente ao longo do dia. Além disso, uma alimentação balanceada, rica em nutrientes, é essencial para a saúde geral do corpo. É fundamental realizar exames clínicos regularmente para monitorar sua saúde física e buscar orientação profissional para desenvolver um plano de atividade física adequado às suas necessidades e condições individuais. Esses cuidados são importantes para promover e manter um estilo de vida saudável.

Recentemente, assisti a um documentário muito interessante em uma dessas plataformas de streaming: *Sobrevida: em busca da longevidade.* Nesse documentário, o pesquisador Dan Buettner explora diversas regiões do mundo conhecidas por sua alta concentração de pessoas centenárias, como a ilha de Okinawa no Japão, a região da Sardenha na Itália e a península de Nicoya na Costa Rica. Buettner investiga os segredos por trás da longevidade dessas comunidades e compartilha suas descobertas sobre os hábitos de vida e fatores culturais que contribuem para uma vida longa e saudável.

O que mais me marcou foi notar que, independentemente da região observada, havia aspectos comuns entre elas. Entre esses aspectos estavam a sensação de realização na vida, uma alimentação balanceada e hábitos que, além de serem prazerosos, também funcionavam como atividade física. Observar pessoas centenárias plantando, pescando, colhendo e preparando alimentos artesanalmente, comprovou como essas atividades promovem não apenas saúde física, mas emocional e ainda momentos sociais fantásticos. Enquanto preparavam seus alimentos, elas interagiam de forma leve e divertida, sorrindo, dançando e até jogando jogos de tabuleiro, o que promovia uma interação extraordinária. Em resumo, *"nessa rara simplicidade"*, elas teciam uma única corda que abraçava os pilares da saúde: "O fio da atividade física entrelaçado com os nós da satisfação emocional e os laços da conexão social, formando assim uma teia de bem-estar completo".

Nesse contexto, estou mais familiarizado com o segundo aspecto: o cuidado meticuloso que José dedicava à sua saúde emocional, tema que já abordamos em detalhes nos capítulos anteriores.

Neste ponto, sinto-me em terreno mais firme e posso afirmar com convicção: não existe uma separação entre saúde física e saúde mental, exceto como objetos de estudo. Na prática, como já mencionado, eles estão intrinsecamente interligados. Cuidar da sua saúde física tem um impacto direto na sua saúde emocional, assim como cuidar da sua saúde emocional influencia diretamente a sua saúde física. Esses comportamentos vão conduzindo-o a adquirir hábitos saudáveis como "manutenção do que já foi conquistado", como maior ingestão de água, alimentação balanceada e sono adequado. Isso fortalece o seu corpo, promovendo equilíbrio emocional e mental. O ciclo se repete na direção oposta: cultivar emoções positivas e a prática de autocuidado contribuem para uma melhor saúde física, fortalecendo o seu sistema imunológico e reduzindo o risco de doenças crônicas. Portanto, ao priorizar o cuidado com o seu bem-estar físico e emocional, você entra em um *ciclo virtuoso* de saúde e felicidade em sua vida.

O oposto também é verdadeiro. Pesquisas confirmam que existe uma relação estreita entre doenças físicas e transtornos mentais, e muitas vezes essas condições podem se exacerbar mutuamente. Quando uma pessoa enfrenta uma doença física, como câncer, diabetes ou doenças cardíacas, isso pode desencadear ou agravar transtornos mentais, como ansiedade, depressão ou estresse pós-traumático.

A carga emocional ao lidar com uma doença crônica pode ser esmagadora, levando a sentimentos de desamparo, desânimo, ansiedade em relação ao futuro e depressão. Além disso, os sintomas físicos da doença, como dor crônica, fadiga e incapacidade de realizar atividades cotidianas, podem ter um impacto significativo na saúde mental da pessoa.

Novamente o ciclo se repete na direção oposta, os transtornos mentais também podem afetar negativamente a saúde física. Por exemplo, pessoas com depressão têm maior probabilidade de adotar comportamentos prejudiciais à saúde, como consumo excessivo de álcool, tabagismo e dieta inadequada, o que pode aumentar o risco de desenvolver doenças físicas.

Se, por um lado, a boa saúde física e mental contribui para maximizar hábitos saudáveis que produzem bem-estar, entrando num *ciclo virtuoso*, por outro lado, os impactos da doença podem agravar os transtornos mentais e aumentar os hábitos destrutivos, entrando em um *ciclo vicioso*.

Nesse sentido, gostaria de compartilhar o quanto a boa saúde mental de José contribuía para sua possível boa saúde física. Agora, adentro uma arena de conjecturas, ainda que muito próximas da realidade, considerando as análises realizadas até aqui. Posso inferir que José tinha ativo em seu organismo o neurotransmissor endorfina, um analgésico natural liberado durante atividades físicas. Isso ocorre como parte da resposta do corpo ao exercício, ajudando a reduzir a dor e promover uma sensação de bem-estar.

Posso inferir também que a dopamina, conhecida como o neurotransmissor da recompensa ou prazer, também estava ativa no organismo de José, devido a todas as realizações que ele experimentou em sua jornada. Por exemplo, sair de uma condição de escravo para se tornar o administrador da casa; mesmo após um revés de traição, ser reconhecido e posto como gerente da cela; dar suporte aos novos prisioneiros e ser de grande importância ao interpretar seus sonhos; interpretar os sonhos do faraó e realizar um trabalho excepcional que estava fazendo a diferença no mundo, são conquistas realizadoras, consequentemente fazendo com que a dopamina jorrasse em seu organismo.

E tem mais, quando consideramos que ele não demonstrava traços de ansiedade ou depressão, podemos inferir que seus níveis de serotonina, apelidada de "antidepressivo natural", estavam equilibrados. Isso ocorre porque, quando os níveis de serotonina estão baixos, os sintomas de ansiedade e depressão tendem a aumentar. Outro exemplo relevante foi quando ele demonstrou aquela nobre atitude de perdoar. As ocasiões que antecederam ao perdão foram momentos de emoções à flor da pele e muita tensão, situações em que "a razão tende a se tornar um gigante e a efetividade vira um pigmeu". Nestes momentos, o organismo aumenta a produção de cortisol, apelidado de hormônio do estresse, pois ele é o responsável por colocar todo o organismo em estado de alerta. Ou seja, nesta hora, o cortisol é responsável pelas alterações fisiológicas que preparam o corpo para tal situação inusitada, como se estivesse dizendo: "A situação é grave, é lutar ou fugir".

Quando o perdão entra em cena, ocorre o oposto: há um alívio nas tensões, reduzindo o estresse e o nervosismo, regula a pressão arterial e traz uma tremenda sensação de bem-estar, impactando inclusive na qualidade do sono. Quem já viveu a experiência de ir se deitar após um momento de ira e também teve a oportunidade de fazer o mesmo após um momento de perdão sabe bem do que estou falando.

Pessoas muito negativas, mal-humoradas, que têm dificuldade em perdoar, pensar em aspectos positivos e serem gratas, que levam "tudo a ferro e fogo", podem estar à beira de um colapso emocional e físico. O acúmulo de ódio e raiva aumenta a produção de cortisol no organismo, prejudicando o bem-estar emocional, exacerbando o estresse, interferindo no sono e impactando no aumento de peso, na pressão arterial e até mesmo em problemas cardíacos.

A função do cortisol é fundamental para sinalizar ao corpo a presença de perigo iminente, desempenhando um papel vital na resposta ao estresse. Em momentos de alta tensão, o aumento temporário dos níveis de cortisol é necessário para proteger o organismo. No entanto, quando as tensões persistem e não há alívio, como ocorre em situações de ressentimento, raiva crônica e estresse constante, é como se o "interruptor" que desliga a liberação de cortisol permanecesse ativado. Isso significa que o corpo continua a produzir cortisol em excesso, o que pode ser comparado a uma "bomba relógio" interna prestes a explodir. Com o bem-estar causado pelo ato de perdoar, os níveis de cortisol retornam ao normal, o que eleva a produção de serotonina.

Que tal destacarmos o impacto do abraço que José deu em seu irmão Benjamim?

"Então ele se lançou chorando sobre o seu irmão Benjamim **e o abraçou**, e Benjamim também o abraçou, chorando" (Gênesis 45:14, grifo meu).

E o significado do beijo concedido até mesmo aos irmãos que o traíram?

"Em seguida **beijou todos os seus irmãos** e chorou com eles..." (Gênesis 45:15a, grifo meu).

E, é claro, ao reencontrar seu pai, não foi diferente: "José, de carruagem pronta, partiu para Gósen para encontrar-se com seu pai Israel. Assim que o viu, **correu para abraçá-lo e, abraçado a ele, chorou longamente**" (Gênesis 46:29, grifo meu).

Tem-se aqui outra "arma poderosíssima": o abraço afetivo. Esse abraço afetivo e demorado libera no organismo o neurotransmissor ocitocina, conhecido como o *hormônio/neurotransmissor do amor*. Este neurotransmissor é tão importante que é liberado em grande quantidade durante o trabalho de parto, o que explica a afetividade sobrenatural que uma mãe nutre por seu bebê ao dar à luz. Além de estreitar os vínculos sociais, também contribui para a redução do estresse e melhora do humor.

Embora os relatos bíblicos não mostrem José abraçando pessoas o tempo todo, é fácil inferir que, do jeito que ele abraçou seu irmão, especialmente naquele momento de muita tensão, essa prática era possivelmente comum para ele. Para muitas pessoas, que não foram ensinadas a abraçar, que têm algum bloqueio nesta área, ou até mesmo devido ao seu perfil comportamental, é muito difícil dar um abraço espontâneo, principalmente em tais circunstâncias.

Expostos a essas informações relevantes, podemos imaginar que José desfrutava de uma saúde física vigorosa, impulsionada pelos quatro principais neurotransmissores associados à sensação de felicidade e bem-estar, apelidados de "Quarteto da Felicidade": endorfina, serotonina, dopamina e ocitocina. Assim como heróis montados em seus cavalos, esses neurotransmissores, liberados pelo cérebro, galopam pelo nosso corpo desempenhando papéis vitais de felicidade e bem-estar.

José era como um viajante, cujas dores físicas eram aliviadas pela presença da endorfina, caminhando na jornada, respirando bem-estar e bom humor pela liberação de serotonina. A cada parada, exalava prazer por meio da dopamina, e por onde passava, deixava um rastro de amor pela ação da ocitocina.

Muitas pessoas estão superando estresse, ansiedade e depressão com a prática de atividades físicas como caminhada, corrida, ciclismo, entre outras. Ao encontrarem uma atividade que lhes proporcione prazer, automaticamente melhoram seu estado de humor, que impacta novamente na saúde física. Além disso, ao se envolverem nessas atividades, têm a oportunidade de conhecer novas pessoas, ampliando suas relações e fortalecendo sua saúde social, criando assim um ciclo virtuoso.

Outras encontram significado ao trocar a agitação da cidade grande por uma vida mais serena e realizada no interior. Essa mudança de cenário traz uma nova perspectiva, oferecendo tranquilidade e conexão com a comunidade. Percebe-se que não é apenas a atividade em si, mas sim o prazer em realizá-la que resulta em benefícios físicos, emocionais e sociais.

Quanto às atividades físicas em si, recomendo que esteja atento à sua condição clínica e osteomuscular. Tenha cuidado com vídeos motivacionais e procure orientações de profissionais que conhecem seu contexto e histórico.

Cuidar da saúde física e emocional é entrar neste "fluxo e refluxo": a atividade física libera essas substâncias químicas para o cérebro, que, bem nutrido e proporcionando respostas emocionais saudáveis, aumenta os níveis dessas substâncias, devolvendo-as generosamente ao organismo. E o fluxo continua: + saúde física = + saúde emocional; + saúde emocional = + saúde física. Um retribui generosamente ao outro. Isso sim é *"saúde na pele, no coração e na mente".*

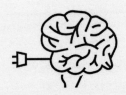

CAPÍTULO XIII

"UM BREVE OLHAR SOBRE FINANÇAS PESSOAIS"

*"O DINHEIRO É UM MESTRE TERRÍVEL,
MAS UM EXCELENTE SERVO."*
(P. T. BARNUM)

Considero importante abordarmos um tema tão relevante quanto os demais discutidos até agora: a saúde financeira.

É fundamental destacar que a falta de saúde financeira pode acarretar uma série de problemas, incluindo ansiedade, insônia, depressão, conflitos conjugais e familiares, afetando diretamente a saúde física e a qualidade de vida.

Enquanto para aspectos essenciais da vida, como amor, esperança, fé e respeito, o dinheiro pode ocupar um papel secundário, quando se trata de necessidades básicas como alimentação, moradia, saúde física, educação e lazer, ele se torna indispensável.

Nesse sentido, a frase do jornalista, autor e editor norte-americano do século passado faz todo sentido: "É bom ter dinheiro e tudo que o dinheiro pode comprar, mas também é bom, fazer um check-up de vez em quando para se certificar de que você não perdeu as coisas que o dinheiro não pode comprar" (George Lorimer).

Apesar dos avanços na quebra de mitos e tabus em várias áreas da vida, ainda persiste uma falta de compreensão sobre o dinheiro em muitas famílias e instituições religiosas. Embora algumas delas tenham a intenção de alertar sobre os perigos do amor ao dinheiro, é importante reconhecer que este é, de fato, um grande perigo. Nesse sentido, a frase atribuída ao pastor e escritor americano Charles Haddon Spurgeon é muito bem vinda: *"O perigo não é ter dinheiro no bolso, o problema é entronizá-lo no coração".*

No entanto, muitas dessas instituições acabam causando mais prejuízos do que benefícios. Direta ou indiretamente, transmitem a ideia de que dinheiro é sinônimo de pecado, é sujo, que todo rico é desonesto e que a riqueza não traz felicidade, entre outros estereótipos prejudiciais. Essas mensagens reforçam pensamentos equivocados e cultivam crenças limitantes nas pessoas quando se trata de questões financeiras.

Por outro lado, encontramos algumas instituições ou pessoas que exageram no valor atribuído ao dinheiro, chegando ao extremo de afirmar explicitamente que todo filho de Deus deve ser rico. Recentemente, durante uma transmissão ao vivo, ouvi um *coach* renomado em inteligência financeira afirmar que: "A pobreza é uma doença e é contagiosa".

Assim como nem todo rico é saudável, também não é correto afirmar que todo pobre está doente. Da mesma forma, não é verdade que todo rico seja um ladrão, embora existam, de fato, indivíduos ricos que praticam atos ilícitos. É importante reconhecer que há pessoas de baixa renda que possuem uma relação saudável com o dinheiro, enquanto outras podem, de fato, apresentar uma visão distorcida sobre ele.

Na verdade, no evangelho e na pessoa de Jesus, a pobreza nunca foi tratada como uma doença, assim como a riqueza também nunca foi considerada como sinônimo de saúde.

Para mim a "equação é simples": *"Riqueza não é sinal de saúde, bem como pobreza não é sinal de doença"*. Simples assim!

O que observo, igualmente, é o apóstolo Paulo refutar o amor ao dinheiro: "Pois o **amor ao dinheiro** é raiz de todos os males. Algumas pessoas, por cobiçarem o dinheiro, desviaram-se da fé e se atormentaram a si mesmas com muitos sofrimentos" (1 Timóteo 6:10, grifo meu).

O amor ao dinheiro é, de fato, um grande problema, pois gera uma forma de escravidão ou servidão. É interessante observar como Jesus abordou essa questão: "Ninguém pode **servir a dois senhores**; pois odiará a um e amará o outro, ou se dedicará a um e desprezará o outro. Vocês não podem **servir a Deus e ao Dinheiro**" (Mateus 6:24, grifo meu).

Para mim, o que Jesus está enfatizando é que não importa a quantidade de dinheiro; a questão não é quanto, mas sim como o utilizamos. Deixe-me tentar explicar de outra forma: "Não importa se a pessoa tem muito ou pouco dinheiro; o que realmente importa é quem controla quem". O dinheiro é teu servo ou teu senhor? Essa é a questão.

Meu amigo e pastor Sérgio Fernandes costuma dizer o seguinte quando o assunto é dinheiro: "Cuidado, o dinheiro não é neutro".

Concordo plenamente com ele. E, unindo o conceito dele com o versículo sobre a fala de Jesus, chego à seguinte conclusão: o dinheiro não é neutro; *ou ele é seu servo, ou ele é seu senhor.*

Gostaria de deixar uma pequena contribuição para este tema tão importante e controverso ao mesmo tempo. Encare o dinheiro como seu servo. Nesse contexto, faço-lhe uma pergunta: se você tivesse dois servos, qual deles você acha que o serviria melhor, o que você trata bem ou o que você trata mal?

Quero enfatizar que, em primeiro lugar, o dinheiro precisa ser seu servo. Em seguida, é fundamental que você o trate com cuidado e responsabilidade. Quando você assume essa postura, o que acontece? O dinheiro passa a trabalhar a seu favor, gerando retorno e benefícios.

Concordo plenamente que muitas pessoas que enfrentam dificuldades financeiras podem estar presas nesse ciclo prejudicial. Elas foram condicionadas a acreditar em ideias equivocadas, como "dinheiro é sujo" e "todo rico é ladrão", ao mesmo tempo que dedicam grande parte de suas vidas ao trabalho árduo para ganhar dinheiro. Essa contradição é evidente e mostra como é importante reavaliar nossa relação com o dinheiro e buscar uma abordagem mais saudável e equilibrada.

Compreendo que essa perspectiva pode gerar desconforto para muitas pessoas, mas meu verdadeiro desejo é provocar uma reflexão profunda sobre essa questão tão relevante. Na minha visão, não há espaço para meios-termos aqui: ou você coloca o dinheiro para trabalhar a seu favor, tornando-o seu servo, ou você acaba se tornando escravo dele, vivendo para trabalhar e servir ao dinheiro.

Apesar de possuir uma formação nesta área, não me considero um especialista. Todavia, os princípios básicos podem ser compreendidos e aplicados por qualquer pessoa interessada em melhorar sua situação financeira. Resumidamente, esses princípios são:

- controle financeiro;
- inteligência financeira;
- independência financeira; e
- liberdade financeira.

Controle financeiro é o mais básico, e também é justamente onde mais se erra. É simplesmente gastar menos do que se ganha. Reconheço que em nosso país, onde muitos vivem em situação de extrema pobreza, trabalham por um salário mínimo, ou estão passando pelo revés do desemprego, não se trata simplesmente de dizer que tais pessoas não mudam porque não querem. Exceções à parte, bora pôr o "dedo na ferida". O começo é por aqui, amigo, é necessário ter um controle financeiro, seja no formato mais antigo ou em um app na palma da mão. O que importa é ter um domínio sobre suas finanças. Deixe-me enfatizar: "Ou você controla suas finanças, ou elas vão te controlar". Controlar suas finanças significa gastar menos do que se ganha, saber onde seu dinheiro está sendo gasto e onde estão sendo feitas suas economias.

Foi exatamente nesse princípio que José se destacou na história ao recomendar ao faraó: "O faraó também deve estabelecer supervisores para **recolher um quinto da colheita** do Egito durante os sete anos de fartura" (Gênesis 41:34, grifo meu).

Um quinto é equivalente a 20%. Essa foi a ideia que José apresentou ao faraó, prevendo que a terra passaria por sete anos de fartura seguidos de sete anos de fome.

Agora, reflita comigo: se as pessoas gastassem *exatamente tudo* o que produzissem, já seria um grande problema, concorda?

E se elas gastassem *mais* do que produzissem?

O controle financeiro é o segundo aspecto importante nesse processo. Mas não deveria ser o primeiro? Não! Antes dele vem a mudança de pensamento em relação ao dinheiro. Como? Refletindo com cuidado sobre o dinheiro, reconhecendo que é um recurso valioso e que, quando bem gerenciado, pode trazer benefícios. Devemos tratá-lo como um servo, pois quando o servo é valorizado e bem cuidado, tende a produzir mais e mais.

Ao mudarmos nossa mentalidade em relação ao dinheiro e praticarmos um controle financeiro adequado, a inteligência financeira torna-se algo bem-vindo.

Inteligência financeira é uma maneira de ampliar suas receitas e multiplicar seu dinheiro. Isso pode ser feito primeiramente aumentando suas fontes de renda, como aprimorando sua mão de obra, serviços ou produtos. Em outras palavras, é uma forma de aumentar seus ganhos. Atualmente, o universo digital ampliou exponencialmente as oportunidades de obter outras fontes de renda.

Aumentando sua receita e considerando que você já tem um bom controle financeiro, já fez um excelente trabalho. Acredite, há pessoas que conseguem aumentar suas receitas, mas, por não saberem controlar adequadamente suas finanças, acabam acumulando dívidas. Entretanto, isso não é tudo. Nesse cenário, você provavelmente é alguém que não enfrenta muitos problemas com dívidas. No entanto, se o dinheiro economizado não for bem investido, pode resultar na diminuição do seu patrimônio. Por exemplo, a poupança, apesar de ser uma opção comum, pode fazer com que você perca dinheiro devido à inflação. Em muitos casos, a inflação supera os rendimentos da poupança, resultando em uma diminuição do seu poder de compra, mesmo que o valor inicial na conta aumente.

A inteligência financeira pode transformar a maneira como vemos o mundo, permitindo-nos encontrar oportunidades onde muitos só veem problemas. Parece-me que José possuía essa inteligência. Quando sua família migrou para o Egito, os pastores eram desprezados naquela região: "Pois todos os pastores são desprezados pelos egípcios" (Gênesis 46:34c).

TRANSFORMANDO DESAFIOS EM OPORTUNIDADES:

Para muitas pessoas, isso poderia representar um grande problema, mas, para José, era uma oportunidade extraordinária. Ele não demorou a aproveitar a situação e logo estava fazendo negócios até mesmo com o faraó: "E se você vê que alguns deles são competentes, **coloque-os como responsáveis por meu rebanho**" (Gênesis 47:6c, grifo meu).

Ao manter controle financeiro, gastando menos do que se ganha, e ao desenvolver inteligência financeira para aumentar a receita e fazer melhores investimentos, você estará no caminho rumo à independência financeira. Essa independência é alcançada quando parte do seu patrimônio investido começa a gerar renda passiva. Renda passiva é todo dinheiro que você recebe sem precisar trabalhar por ele, como aluguel de propriedades, renda de investimentos ou outros fluxos de renda sem esforço direto. Essa ideia de renda passiva já era discutida na Bíblia: "Se o animal tiver **sido alugado**, o preço do aluguel cobrirá a perda" (Êxodo 22:15b, grifo meu).

Isso é fundamental para alcançar a independência financeira. Imagine, por exemplo, uma pessoa com um custo mensal de R$ 5.000,00. Quando ela atingir os R$ 5.000,00 em renda passiva, terá alcançado a independência financeira. Isso significa que, mesmo que essa pessoa perca sua principal fonte de renda (lembra da pandemia?), seus custos mensais estarão garantidos. Dessa forma, ela não precisará se desesperar, ficar ansiosa ou perder o sono, pois suas despesas estarão cobertas.

Este ponto é de suma importância, pois ninguém está imune a perder o emprego (com poucas exceções), enfrentar dificuldades em seu negócio ou até mesmo vê-lo fechar. Além disso, a independência financeira pode abrir outras portas. Por exemplo, considere alguém que tenha um emprego bem remunerado, mas que não é sua paixão, apesar de suprir suas necessidades. Essa pessoa pode desejar trabalhar em algo diferente, algo que realmente a motive e faça sentido para ela. Nesse caso, o privilégio de contar com uma renda passiva, permite que ela possa realizar essa transição de carreira de forma tranquila, sabendo que seus custos mensais estarão cobertos até que o novo empreendimento ou trabalho comece a gerar receita. Para muitos, isso é um sonho.

E por último vem a liberdade financeira, um objetivo um pouco mais desafiador de alcançar, mas de forma alguma impossível.

A liberdade financeira pode surgir por meio de um círculo virtuoso: quando se tem renda passiva, essa renda é reinvestida, o que aumenta suas receitas e, consequentemente, seus investimentos. Isso, por sua vez, aumenta novamente sua renda passiva, dando continuidade a um ciclo que não tem fim.

Eventualmente, chega-se ao ponto em que apenas a renda passiva permite que a pessoa more onde quiser, dirija o carro que quiser, viaje para onde e quando quiser, sem se preocupar com sua fonte de receita, pois a renda passiva já garante tudo isso com folga.

José viveu tudo isso com excelência, quando sequer esses termos eram sonhados.

Ele poupava e exercia controle financeiro, como já mencionamos. A visão de inteligência financeira o acompanhava, como mencionado anteriormente, e também quando já planejava utilizar o trigo estocado durante o período de fartura para vendê-lo e multiplicar as entradas nos cofres do palácio.

Embora não haja explicitamente a ideia de independência e liberdade financeira nos textos, implicitamente parece que sim. Posso até inferir, por minha conta e risco, pois os textos não mencionam quanto e nem como eram os ganhos de José. No entanto, o fato de ele não ser mais um escravo, indica que não precisava mais trabalhar obrigatoriamente para sobreviver. José exercia um trabalho extraordinariamente fora da curva, que trazia muita riqueza ao Egito e era tido em alto conceito no palácio.

Isso me dá a ideia de independência financeira, pois uma coisa é trabalhar por dinheiro, outra é receber dinheiro pelo bom trabalho realizado, sendo bem remunerado pelo excelente trabalho prestado. Junte a isso o controle e inteligência financeira que ele já demonstrava, e posso inferir que a independência financeira estava presente em sua vida.

Quanto à liberdade financeira, José morava no palácio e andava nas melhores carruagens. Ainda mais, ele pôde estender essa benção por toda a sua parentela ao buscá-los em Canaã, pois com o aval do faraó, mandou buscar cerca de 70 pessoas, tudo de "primeira classe": "Assim fizeram os filhos de Israel. José lhes **providenciou carruagens**, como o faraó tinha ordenado, e também mantimentos para a viagem" (Gênesis 45:19-21, grifo meu).

E, ao recebê-los, providenciou moradia, outras provisões e empreendimento visionário: "Os israelitas se estabeleceram no Egito, na região de Gósen. Lá adquiriram **propriedades, foram prolíferos e multiplicaram-se muito**" (Gênesis 47:27, grifo meu).

Caro leitor, peço desculpas, pois este breve olhar sobre finanças acabou se estendendo mais do que eu gostaria.

No entanto, considere com carinho: *"Dinheiro não é tudo, mas é sim muito importante."* Portanto, cuidar bem dele fará toda a diferença.

APLICAÇÃO

*"O CONHECIMENTO SEM APLICAÇÃO
É COMO UMA ÁRVORE SEM FRUTOS"
(PROVÉRBIO CHINÊS)*

TRANSFORMANDO DESAFIOS EM OPORTUNIDADES:

Gosto de pensar em saúde mental fazendo uma analogia com a Roda-Gigante, aquela que ainda costuma ter nos parques de diversão.

Imagine que essa Roda-Gigante tem apenas seis cadeiras, cada uma representando uma área da vida: a cadeira da saúde física, emocional, social, profissional, financeira e espiritual.

O grande desafio da jornada é equilibrar todas essas áreas, pois, na vida real, esta roda não mantém a mesma velocidade o tempo todo. Além disso, é característico da roda que em alguns momentos uma das cadeiras esteja embaixo e assim sucessivamente.

É evidente que a área profissional, em geral, demanda a maior parte do tempo. Não é raro que pessoas fiquem 12 ou 14 horas fora de casa, e quando adicionam um curso no meio, o tempo fica ainda mais escasso.

É exatamente neste ponto que gostaria de chamar sua atenção. Mesmo que esteja enfrentando uma situação similar, não abandone o cuidado com as outras áreas, usando o tempo e os recursos que você tem disponíveis.

Por exemplo: se a demanda atual não permite praticar um esporte específico ou frequentar uma academia para cuidar da saúde física, ainda assim, não deixe de aproveitar a oportunidade para dar uma caminhada entre um deslocamento e outro. Quando possível, prefira subir as escadas em vez de usar o elevador ou a escada rolante, opte por levantar para acionar um botão em vez de usar o controle remoto, caminhe dentro de casa... Pois, acredite, mais importante do que a atividade em si é reforçar para si mesmo a mensagem de que cuidar da saúde física é um valor importante, e gradualmente, conforme as oportunidades aparecem, intensifique esse cuidado.

Na área da saúde emocional, reserve pelo menos algumas horas ou até minutos do seu dia para realizar aquela atividade prazerosa que você gosta e que proporcione descanso para sua alma. Pode ser assistir a um filme, acompanhar uma partida de futebol, ler um livro, pescar... As opções são diversas e variam de pessoa para pessoa. O importante é escolher algo que lhe traga prazer e que não seja prejudicial à sua saúde, é claro.

Na saúde social, reservar um tempo de qualidade para estar com seus entes queridos, mesmo que breve, é essencial. Assim como uma breve pausa para um café pode revigorar o corpo e a mente, alguns momentos compartilhados com aqueles que amamos podem fortalecer nossos laços afetivos e trazer alegria aos nossos dias. Por exemplo, mesmo que seja apenas por alguns minutos, fazer uma ligação para um amigo ou desfrutar de uma refeição em família pode trazer uma sensação de conexão e bem-estar social. Vale ressaltar a importância da refeição em família, mesmo que não seja possível diariamente devido a horários e compromissos diferentes. Pois a refeição em família em volta da mesa é um momento essencial para fortalecer os laços familiares, promover a comunicação e nutrir os relacionamentos. É uma oportunidade valiosa para compartilhar histórias, preocupações, conquistas e valores, promovendo um senso de pertencimento e união entre os membros da família. Mesmo que esse momento tenha se perdido por vários motivos, inclusive porque nem sempre é agradável, permitir-se e zelar por esse momento é uma grande oportunidade de restaurar laços e vínculos perdidos na jornada. A refeição em família em volta da mesa é como uma paisagem montanhosa: embora haja subidas difíceis e curvas fechadas, a vista do topo vale cada desafio enfrentado juntos. Valorize este princípio, pois a mesa não apenas abriga conflitos, mas também oferece espaço para a resolução e restauração de relacionamentos saudáveis.

Na esfera profissional, independentemente de trabalhar ou não naquilo que é sua paixão, é essencial descobrir o valor do seu trabalho para a empresa ou para o cliente, garantindo sempre o compromisso em oferecer o melhor. Se estiver seguindo sua paixão profissional, lembre-se também de cuidar das outras áreas igualmente importantes.

Em relação à saúde financeira, não adie para amanhã o cuidado com suas finanças. Assim como pequenos investimentos podem render grandes lucros ao longo do tempo, pequenos hábitos de economia e planejamento podem construir uma base sólida para um futuro financeiro próspero.

Quanto à saúde espiritual, reflita sobre o que espiritualidade significa para você e pratique, mesmo que seja de forma mínima, com o tempo que dispõe. Assim como algumas gotas de água podem nutrir uma planta, pequenos momentos de reflexão e prática espiritual podem nutrir sua alma e trazer um sentido mais profundo à sua vida.

Faço agora uma ressalva muito importante: A roda-gigante possui um eixo central, sobre o qual toda a roda gira, certo? Nesse caso, considero que nunca se deve colocar nenhuma dessas áreas no centro, nem mesmo a espiritual.

Eu explico: todos os pilares são importantes, e de uma forma ou de outra algum(s) deles pode(m) faltar. Por exemplo, mesmo cuidando da saúde física, por algum revés que não está sob seu controle, esta pode sofrer um dano. Se alguém tiver colocado essa área no centro de tudo, ficará sem eixo, sem chão, quando isso acontecer. Isso cria desequilíbrio e dependências. Externamente, a pessoa pode parecer bem fisicamente, mas internamente torna-se frágil e vulnerável.

Socialmente, ao colocar uma pessoa ou relação no centro, torna-se dependente emocionalmente, comprometendo a saúde emocional. Se o trabalho ou as finanças forem colocados no centro, os prejuízos são similares. E quanto à espiritualidade? Essa poderia ser a principal?

Penso que também não! Pois se isso fosse saudável, não veríamos pessoas, às vezes até líderes espirituais ou modelos em suas religiões, sendo tão desequilibradas e suspeitas em outras áreas da vida.

José exemplifica como os diferentes pilares da saúde – física, emocional, social, profissional, financeira e espiritual – podem se entrelaçar e funcionar em conjunto, formando um ciclo virtuoso. Quando esses pilares são equilibrados e integrados, eles promovem uma saúde mental elevada e sustentável.

Ainda sobre essa questão séria sobre espiritualidade, José viveu com simplicidade, mesmo em uma terra estrangeira, ele não se comportava como um religioso separatista, que se isolava. Por exemplo, a Bíblia não detalha como José adorava a Deus, mas afirma que Deus estava com ele.

Eu sou cristão, embora não pretenda discutir aqui a doutrina da soteriologia (salvação), posso inferir que Deus está ao lado das pessoas que *amam*, são amigáveis, confiáveis, íntegras, perdoadoras e que se empenham em superar o mal praticando o bem.

Sobretudo, gostaria de acrescentar: embora não seja prudente colocar nenhuma dessas áreas no centro-eixo da roda, como mencionei anteriormente, eu recomendaria fortemente que uma única pessoa pudesse ocupar esse lugar – **Jesus Cristo**. Pois todos os princípios dessa roda podem falhar e faltar. Contudo, Jesus nunca falhará e jamais faltará na vida daqueles que Nele creem.

Para finalizar, gostaria de compartilhar duas breves sugestões:

1 - Reflita sobre seus pensamentos!

Nessa perspectiva, o apóstolo Paulo nos oferece as seguintes orientações: Finalmente, irmãos, tudo o que for verdadeiro, tudo o que for nobre, tudo o que for correto, tudo o que for puro, tudo o que for amável, tudo o que for de boa fama, se houver algo de excelente ou digno de louvor, **pensem nessas coisas** (Filipenses 4:8, grifo meu).

Certamente, ponderar sobre os próprios pensamentos pode ser fundamental para evitar precipitações ao falar ou decidir, contribuindo significativamente no processo de amadurecimento. Portanto, nos momentos de tensão, é essencial fazer uma pausa, respirar profundamente e refletir *sobre o que está sendo pensado*. Caso perceba que o pensamento é negativo e destrutivo, é fundamental questionar-se: isso é o melhor a fazer? Fará bem para mim? Fará bem ao outro? O que eu posso fazer de melhor então? Quais são as opções?

Com essa prática, você vai aprendendo a gerenciar e nutrir de forma positiva e construtiva seus pensamentos, em vez de ser governado pelas emoções.

2 - Pratique o solilóquio.

A palavra "solilóquio" tem origem no latim "soliloquium", derivada de "solus" (sozinho) e "loqui" (falar). Assim, o solilóquio é essencialmente um discurso ou fala proferida por uma pessoa enquanto está sozinha. Além de ser uma técnica teatral, também é empregada como estratégia em uma abordagem psicológica chamada psicodrama.

Use o solilóquio para dialogar com sua mente-coração, expressando seus pensamentos, sentimentos e dilemas internos. Essa prática pode ajudá-lo a compreender melhor a si mesmo, a resolver conflitos internos e a ganhar *insights* sobre seus padrões de pensamento e comportamento.

Este é um belo exemplo deixado pelo salmista no Salmo 42, uma estratégia concisa, porém muito valiosa: "Por que você está assim tão triste, ó minha alma? Por que está assim tão perturbada dentro de mim?" (Salmos 42:5a).

Conversar consigo mesmo pode ajudar a superar momentos de tristeza e sentimentos de incerteza que podem tomar conta da mente-coração. Em outras palavras, é importante questionar o que você está pensando nessas situações. Da mesma forma, pode ser útil diante de propostas aparentemente gratificantes, mas que podem levar à ruína. Antes de permitir que tais situações influenciem sua mente e coração, é essencial questioná-las por meio do solilóquio e, se for preciso, colocá-las no devido lugar.

Compartilho aqui alguns exemplos de como o solilóquio pode ser uma ferramenta poderosa para promover a autorreflexão, o autoconhecimento e a tomada de decisões conscientes.

1. **Momentos de tristeza:** quando você se sentir triste por algum motivo, reserve um tempo para conversar consigo mesmo. Pergunte-se por que está se sentindo assim, identifique os pensamentos ou eventos que desencadearam essa emoção e questione se esses pensamentos são realistas ou se estão distorcidos pela emoção.

2. **Sentimentos de incerteza:** se você estiver enfrentando incertezas sobre o futuro, como dúvidas sobre decisões importantes, converse consigo mesmo sobre essas preocupações. Analise os diferentes cenários possíveis, pense sobre as consequências de cada opção e reflita sobre quais são seus valores e prioridades.

3. **Propostas tentadoras:** ao sentir-se seduzido com propostas que parecem gratificantes, mas podem ter consequências negativas a longo prazo, faça um solilóquio para avaliar a situação. Pergunte a si mesmo se essa proposta está alinhada com seus objetivos e valores, se os benefícios compensam os possíveis riscos e se há alternativas mais saudáveis ou prudentes.

4. **Desafios pessoais:** em situações desafiadoras da vida, como lidar com conflitos interpessoais ou enfrentar dificuldades financeiras, converse consigo mesmo para buscar

clareza e orientação. Explore suas emoções, identifique seus pontos fortes e recursos disponíveis e pense em estratégias para lidar eficazmente com o desafio em questão.

"Pensar sobre o que você está pensando e conversar consigo mesmo" pode não ser a solução para todos os problemas, mas certamente será de grande valia para enfrentar os sentimentos de incerteza e os momentos de tensão. Além disso, ao praticá-lo, você gradualmente transformará sua maneira de pensar, sentir e se comportar ao longo da jornada da vida.

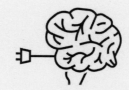

CONCLUSÃO

Gratidão por acompanhar até aqui.

Espero sinceramente que este modesto trabalho de um escritor amador tenha contribuído de alguma forma para uma compreensão simples, porém significativa, desta tríade da saúde mental que engloba o pensar, sentir e comportar-se.

Permita-me compartilhar uma comparação breve, mas significativa, entre a vida de José e a de Jesus Cristo.

José, na Bíblia, é considerado um dos tipos mais notáveis do próprio Senhor Jesus Cristo. No Antigo Testamento, encontramos vários personagens e símbolos que são vistos como prefigurações de Cristo. Não pretendo entrar em detalhes aqui, mas figuras como Adão, Abel, Moisés, Davi, bem como símbolos como o Cordeiro Pascal e o tabernáculo, são frequentemente vistos como tipos ou sombras de Cristo. Muitas são as semelhanças e paralelos na vida de José que foram plenamente realizadas em Jesus Cristo.

Ainda assim, há diferenças inigualáveis entre a vida de José e a de Jesus Cristo: José experimentou parcialidade, temporariedade e limitação em seus feitos, enquanto em Jesus Cristo tudo é completo, eterno e ilimitado em sua natureza e obra.

José foi vendido como escravo e tornou-se governador do Egito. Jesus foi vendido para se tornar o Rei dos Reis e o Senhor de toda a terra.

Embora tenham tentado matar José aos 17 anos, ele escapou. No entanto, morreu aos 110 anos e morto está. Jesus Cristo, por outro lado, foi martirizado, crucificado e morto, mas *ressuscitou ao terceiro dia e está vivo para sempre!*

O poço em que tentaram aprisionar José não foi capaz de contê-lo; ele acabou ascendendo ao trono do Egito. Da mesma forma, o túmulo em que sepultaram Jesus não pôde contê-lo; Ele ressuscitou, ascendeu gloriosamente e está reinando no trono que já lhe pertencia.

José controlou a safra de grãos, evitando que o Egito e Canaã morressem de fome. Jesus Cristo tornou-se o pão da vida, saciando os "famintos espirituais" de todo o mundo, eternamente.

José saiu do "nada", de escravo para o trono do Egito. Jesus, por outro lado, saiu do TUDO, do lado do PAI, do trono de glória; esvaziou-se e humilhou-se, pagando com seu sangue o preço pelo pecado de todos que Nele creem.

Se em José temos um ser humano exemplar, demonstrando que humildade, fé, perdão e amor são valores essenciais na jornada, em Jesus Cristo encontramos uma humanidade extraordinariamente... (difícil de descrever em palavras). Muitos estudiosos, ao analisarem sua biografia nos evangelhos, ficaram surpresos com sua humanidade, levando-os até mesmo à conversão. Um exemplo é o psiquiatra, professor e escritor brasileiro Augusto Cury, que deixou de ser ateu após questionar a existência de Deus e se aprofundar na biografia de Jesus Cristo. Outro exemplo é o renomado escritor e teólogo irlandês Clive Staples Lewis, mais conhecido como C.S. Lewis (1898-1963), que, após muitos anos de ateísmo ferrenho, também reconheceu que Jesus Cristo não é um humano como todos os outros. Inclusive é dele uma fala interessantíssima quando se trata da pessoa de Jesus Cristo. Nesse sentido ele escreveu algo mais ou menos assim: Ao se considerar a pessoa de Jesus Cristo, há somente três opções:

1º Ele é um mentiroso. Alguém que deliberadamente engana as pessoas sobre sua identidade, diz ser Deus sem ser, é um mentiroso. Logo não seria adequado sequer considerá-lo um profeta ou mestre.

2º Ele é um louco, lunático. Alguém que acredita ser quem não é só pode estar louco. Neste caso, é impossível considerá-lo um ser iluminado.

3º Ou de fato Ele é Deus. Pois se Ele não está mentindo e nem está louco, só pode ser Deus mesmo. ***Jesus Cristo é Deus.***

Agora, tratando-se de sua humanidade, nunca li ou ouvi algo tão singelo e sutil quanto o que disse o teólogo Leonardo Boff: *"Humano assim como Ele foi, só sendo DEUS mesmo".*

A história de José nos oferece valiosos ensinamentos universais, cujos princípios podem enriquecer nossa jornada e nos ajudar a viver uma vida com significado e qualidade, contribuindo para sermos pessoas melhores nesta terra. No entanto, apenas em Jesus Cristo encontramos perdão para nossos pecados, reconciliação com Deus e a promessa da vida eterna.

Minha oração e desejo são que esta modesta obra seja como uma semente plantada, capaz de germinar e florescer em muitos "Josés" ao redor. Que eles se ergam para amar, perdoar, ressignificar, abraçar, doar e fazer a diferença, como ramos que se estendem para tocar não só uma vida, mas talvez uma família inteira e, quem sabe, frutificar na vida de muitos ao seu redor.

Um grande beijo em seu coração!

Com carinho e gratidão,
Luiz Carlos Caetano da Silva
Rio das Pedras – SP, março de 2024

A Jesus Cristo, toda honra, glória e louvor!

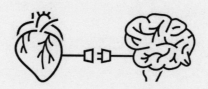

REFERÊNCIAS

A MENTE É MARAVILHOSA. *Inteligência emocional*: o que é e como desenvolver diariamente. Disponível em: https://amenteemaravilhosa.com.br/inteligencia-emocional-diariamente/. Acesso em: 10 mar. 2020.

A MENTE É MARAVILHOSA. *Pedir ajuda*: um ato de coragem. Disponível em: https://amenteemaravilhosa.com.br/pedir-ajuda-um-ato-coragem/. Acesso em: 7 mar. 2020.

BOFF, Leonardo. *Humano assim como Jesus*: só Deus mesmo. Disponível em: https://leonardoboff.org/2017/12/22/humano-assim-como-jesus-so-deus-mesmo/. Acesso em: 15 maio 2020.

CANALTECH. *Brasil é o segundo país do mundo a passar mais tempo na internet*. Disponível em: https://canaltech.com.br/internet/brasil-e-o-segundo-pais-do-mundo-a-passar-mais-tempo-na-internet-131925/. Acesso em: 22 jan. 2024.

CLUBE DO VALOR. *Frases de dinheiro*. Disponível em: https://clubedovalor.com.br/blog/frases-de-dinheiro/. Acesso em: 15 jan. 2024.

COMUNHÃO. *Temperamento*: aquilo que somos. Disponível em: https://comunhao.com.br/temperamento-aquilo-que-somos/. Acesso em: 10 maio 2020.

CORTELLA, Mario Sergio. *Educação, convivência e ética*. São Paulo: Cortez, 2015.

CORTELLA, Mario Sergio. *Qual é a tua obra*: inquietações propositivas sobre gestão e ética. Petrópolis: Vozes, 2015.

CURY, Augusto. *Ansiedade*: Como enfrentar o mal do século. São Paulo: Saraiva, 2013.

CURY, Augusto. *Gestão da emoção*. São Paulo: Benvirá, 2015.

CURY, Augusto. *Inteligência multifocal*. São Paulo: Cultrix, 1999.

CURY, Augusto. *O homem mais inteligente da História*. Rio de Janeiro: Sextante, 2016.

ÉPOCA NEGÓCIOS. *12 elementos da inteligência emocional*: qual você precisa desenvolver? Disponível em: https://epocanegocios.globo.com/Carreira/noticia/2017/03/12-elementos-da-inteligencia-emocional-qual-voce-precisa-desenvolver.html. Acesso em: 12 maio 2020.

EU SEM FRONTEIRAS. *Id, ego e superego*: as vozes dentro de nossas mentes. Disponível em: https://www.eusemfronteiras.com.br/id-ego-e-superego-as-vozes-dentro-de-nossas-mentes/. Acesso em: 11 maio 2020.

EXAME. Número de infectados pelo coronavírus no Brasil. Disponível em: https://exame.abril.com.br/brasil/numero-infectados-coronavirus-brasil/. Acesso em: 13 maio 2020.

FÁBIO, Caio. *Família sombra e luzes*. Niterói: Vinde Comunicações, 1996.

FERNANDES, Sergio. *O tempo que se chama hoje*. São Paulo, 2009.

GALINA, Rosana Lia Mercaldi. *Contornos individuais no sistema familiar*. São Paulo: Vetor, 2005.

GARDNER, Howard. *Inteligências múltiplas*: a teoria na prática. Porto Alegre: Artmed, 1995.

GOLEMAN, Daniel. *Inteligência emocional*. Rio de Janeiro: Objetiva, 1995.

KD Frases. *Frases de Elisa Lucinda*. Disponível em: https://kdfrases.com/autor/elisa-lucinda. Acesso em: 9 maio 2020.

LEWIS, C. S. *Cristianismo puro e simples*. Rio de Janeiro: Thomas Nelson Brasil, 2017.

MAESTRO VIRTUAL. As 100 melhores frases de Wayne Dyer. Disponível em: https://maestrovirtuale.com/as-100-melhores-frases-de-wayne-dyer/?expand_article=1. Acesso em: 1 fev. 2024.

NORMAN, Doidge. *O cérebro que se transforma*: como a neurociência pode curar as pessoas. Rio de Janeiro: Record, 2021.

PSICANÁLISE CLÍNICA. *Ressignificar*. Disponível em: https://www.psicanaliseclinica.com/ressignificar/. Acesso em: 12 maio 2020.

PUCRS ONLINE. *Propósito*: por que é importante tê-lo. Disponível em: https://online.pucrs.br/blog/public/proposito-por-que-e-importante-te-lo. Acesso em: 23 fev. 2024.

SEMENTES DO CONHECIMENTO. *Diferença entre o fundamental e o essencial*. Disponível em: http://sementesdoconhecimento.blogspot.com/2010/05/diferenca-entre-o-fundamental-e-o.html. Acesso em: 15 maio 2020.

SITE ANTIGO PORTAL EDUCAÇÃO. *O que é ansiedade*: definições. Disponível em: https://siteantigo.portaleducacao.com.br/conteudo/artigos/psicologia/o-que-e-ansiedade-definicoes/34071. Acesso em: 17 maio 2020.

SOBRINHO, Luiz Carlos. *Desenvolvendo o ser integral*. São Paulo: Pão e Vida, 2008.

SOBRINHO, Luiz Carlos. *Estupro emocional*. São Paulo: Pão e Vida, 2003.

SOCIEDADE BÍBLICA DO BRASIL. *Bíblia on-line*. Disponível em: https://www.bibliaonline.com.br/nvi. Acesso em: 28 fev. 2024.

WINNICOTT, Donald W. *A família e o desenvolvimento individual*. São Paulo: WMF Martins Fontes, 2011.